Bartolomeo Sorge

BREVE CURSO DE DOUTRINA SOCIAL

Paulinas

Dados Internacionais de Catalogação na Publicação (CIP)
(Câmara Brasileira do Livro, SP, Brasil)

Sorge, Bartolomeo
  Breve curso de doutrina social / Bartolomeo Sorge ; [tradução Jaime A. Clasen].
-- São Paulo : Paulinas, 2018. (coleção fé & justiça)

  Título original: Brevi lezioni di dottrina sociale.
  ISBN 978-85-356-4415-9

  1. Igreja Católica 2. Igreja Católica - Atividade política 3. Igreja e problemas sociais - Igreja Católica 4. Participação social 5. Sociologia cristã - Igreja Católica I. Título.

18-16364 CDD-261

Índices para catálogo sistemático:
1. Doutrina social da Igreja 261
Cibele Maria Dias - Bibliotecária - CRB-8/9427

Título original da obra:
Brevi lezioni di dottrina sociale
© 2017, Editrice Queriniana, Brescia

1ª edição – 2018
1ª reimpressão – 2024

Direção-geral: Flávia Reginatto
Editores responsáveis: Vera Ivanise Bombonatto
João Décio Passos
Tradução: Jaime A. Clasen
Copidesque: Mônica Elaine G. S. da Costa
Coordenação de revisão: Marina Mendonça
Revisão: Ana Cecilia Mari
Gerente de produção: Felício Calegaro Neto
Projeto gráfico: Manuel Rebelato Miramontes
Capa e diagramação: Tiago Filu

Nenhuma parte desta obra poderá ser reproduzida ou transmitida por qualquer forma e/ou quaisquer meios (eletrônico ou mecânico, incluindo fotocópia e gravação) ou arquivada em qualquer sistema ou banco de dados sem permissão escrita da Editora. Direitos reservados.

Cadastre-se e receba nossas informações
www.paulinas.com.br
Telemarketing e SAC: 0800-7010081

Paulinas
Rua Dona Inácia Uchoa, 62
04110-020 – São Paulo – SP (Brasil)
📞 (11) 2125-3500
✉ editora@paulinas.com.br
© Pia Sociedade Filhas de São Paulo – São Paulo, 2018

Sumário

Apresentação da edição brasileira...5

Introdução...7

PARTE PRIMEIRA
Origem e desenvolvimento histórico

Capítulo I. Desenvolvimento da Doutrina Social...................................11

PARTE SEGUNDA
Princípios de reflexão

Capítulo II. O princípio do personalismo...25

Capítulo III. O princípio de solidariedade...39

Capítulo IV. O princípio do bem comum..47

PARTE TERCEIRA
Critérios de julgamento

Capítulo V. A democracia..57

Capítulo VI. A economia...71

Capítulo VII. O Estado e a Igreja..81

Capítulo VIII. A família..95

PARTE QUARTA
Orientações de ação

Capítulo IX. Para uma boa política 115

Capítulo X. Justiça e misericórdia 129

Apêndice 1

A Igreja italiana desde o Concílio até hoje 141

Apêndice 2

Doutrina Social da Igreja na América Latina
a partir do Concílio Vaticano II 161

Apresentação da edição brasileira

O público brasileiro tem em mãos uma excelente síntese de Doutrina Social da Igreja elaborada pelo teólogo italiano Bartolomeo Sorge. Embora pouco conhecido em nosso meio, esse autor, sujeito de uma longa história de reflexão e ação em torno das questões sociais, tem oferecido subsídios relevantes sobre o assunto. Não bastassem o domínio do patrimônio clássico do pensamento social da Igreja e a atualidade das reflexões, o pequeno livro é composto em uma linguagem didática exemplar, fazendo jus a seu propósito original de traduzir uma obra mais extensa e de cunho mais acadêmico para um público mais amplo.

Por essa mesma razão, a presente tradução optou por uma adaptação à realidade local, o que vem expresso já no título adotado, *Breve curso de Doutrina Social*, mas também no complemento final (Apêndice II) elaborado pelo especialista Élio Estanislau Gasda. Esse complemento segue o intuito do Apêndice I, porém focando na realidade latino-americana.

O caráter sucinto da obra não prejudica nem a amplitude nem a profundidade das exposições e reflexões. A capacidade de sintetizar própria dos intelectuais maduros revela-se como dom, sobretudo para aqueles que buscam uma iniciação em determinado assunto. Nesse sentido, o publico dispõe de uma introdução ao pensamento social da Igreja elaborada em quatro partes que se perpassam por dez itens que, no texto italiano, fora denominado *Lições*. A primeira parte oferece uma classificação original e coerente do desenvolvimento da Doutrina Social da Igreja e as demais se estruturam a partir das categorias já utilizadas para sistematizar essa longa tradição, a saber: os princípios de reflexão, os critérios de julgamento e as orientações de ação.

Essa obra chega em boa hora, quando se constata uma urgência de construção de utopias e finalidades éticas capazes de orientar os cristãos em um contexto dilacerado pelo domínio selvagem do capital internacional que destrói a vida planetária, as autonomias políticas locais, os direitos sociais e as próprias liberdades individuais. O horizonte do Reino de Deus descortina-se como uma reserva de sentido que pode orientar a reflexão, os discernimentos e as ações dos cristãos, para além do magistério do lucro e do bem-estar que impera em nossos dias.

O pontificado do papa Francisco, marcado pelo esforço de reformar a Igreja e a própria sociedade, acolhe de modo mais legítimo e vigoroso o pensamento crítico-profético da realidade global (glo-cal) e o anúncio da verdade que liberta de todos os cativeiros. Os cristãos e as pessoas que sonham com outro mundo possível poderão beber dessa pequena e límpida fonte que ora vem a público por Paulinas Editora.

João Décio Passos
Editor

Introdução

No início de 2016 saía a terceira edição do meu volume *Introduzione alla dottrina sociale della chiesa* [Introdução à Doutrina Social da Igreja], atualizado até o pontificado do papa Francisco. É uma obra que foi crescendo gradualmente desde quando, nos anos 1990, viu a luz pela primeira vez e foi reimpressa três vezes com o título original: *Per una civiltà dell'amore. Lezioni dell'Istituto di Formazione politica "Pedro Arrupe"* [Para uma civilização do amor. Lições do Instituto de Formação política "Pedro Arrupe"]. Traduzido também em outras línguas, agora se tornou um livro grosso de mais de quinhentas páginas. Ele oferece um curso sistemático completo de Doutrina Social da Igreja e é usado como texto em diversas faculdades universitárias.

Foi o próprio editor quem me fez uma proposta: por que não preparar uma edição menor da obra, uma espécie de compêndio breve, uma centena de páginas, mais ou menos? Ele poderia servir como texto de ampla difusão, sobretudo entre os movimentos e as associações de jovens, que mostram hoje um novo interesse pela Doutrina Social da Igreja; poderia servir para organizar nas paróquias ou nos círculos de estudo e de cultura um "curso breve de Doutrina Social" para uma primeira abordagem ao ensinamento da Igreja sobre os principais temas que são discutidos nos nossos dias.

A ideia me agradou. Por isto hoje vem à luz o presente volume *Brevi lezioni di dottrina sociale* [Breve curso de Doutrina Social]. Ele não tem a pretensão de ser um "resumo" verdadeiro da minha obra maior, a qual obviamente continua sendo um ponto de referência indispensável. Pensei antes que fosse útil escolher uma dezena de temas atuais, entre os mais importantes, e apresentá-los em forma de dez *Breves lições* a estudar e discutir, a aprofundar pessoalmente e em grupo.

Dedico, portanto, humildemente e com alegria, mais este meu trabalho editorial às muitas pessoas que nestes longos anos encontrei em toda a Itália, e não só. Penso assim satisfazer, ao mesmo tempo, tanto o pedido delas de ter o texto das minhas reflexões como a minha promessa de levá-las a elas, cedo ou tarde!

B. S.

Festa de Mater Divinae Gratiae

PARTE PRIMEIRA
Origem e desenvolvimento histórico

Capítulo I

Desenvolvimento da Doutrina Social

A tarefa da Doutrina Social da Igreja (DSI) é traduzir em termos racionais, compreensíveis e adotáveis por todos (crentes, de modo diferente crentes ou não crentes) a luz que a fé cristã lança sobre a antropologia. De fato, no Evangelho está a resposta às interrogações que toda pessoa humana se faz. A revelação cristã nos leva a conhecer não só quem é Deus, mas também quem é o homem, qual é a finalidade da história e o sentido da vida (por que vivemos, por que morremos? Quais são os critérios para distinguir o bem do mal? Quais são os direitos fundamentais da pessoa humana? Sobre quais princípios fundamentais se funda a convivência social?). A fé, de fato, não é obstáculo à razão, mas a purifica e a ajuda a entender melhor o homem e os seus problemas.

1. Legitimidade da intervenção social da Igreja

A razão de fundo que legitima a intervenção da Igreja em matéria social é que a salvação cristã é uma mensagem, mais ainda, um acontecimento, intrinsecamente "histórico". O Verbo de Deus, encarnando-se na história da humanidade, assume-a e a recapitula em si.[1] Portanto, a economia da salvação é história, que ainda se faz. Não há "duas" histórias (uma sagrada e outra profana), mas há uma história só, na qual

---

[1] Cf. *Gaudium et spes*, n. 38.

Deus intervém. Assim se explica por que o poder da ressurreição de Cristo age na história da humanidade, a qual – não obstante limites, erros e pecados, recaídas na barbárie e suas longas divagações fora do caminho da salvação – se aproxima lentamente, mesmo sem se dar conta, do seu Criador.[2] Há uma Mão maiúscula que guia a humanidade e a história.

Portanto, a DSI contém (1) *Princípios de reflexão*, (2) *Critérios de julgamento* e (3) *Orientações de ação* que o magistério da Igreja elaborou à luz do Evangelho e da razão humana para ajudar não só os crentes, mas todos os homens de boa vontade a interpretar os "sinais dos tempos" e fazer as escolhas necessárias nas mutáveis situações históricas, culturais e morais. Tratando-se de princípios, de critérios e de orientações a aplicar em casos históricos concretos, eles estão sujeitos a mudanças e a ulteriores aprofundamentos e serão aplicados responsavelmente, sempre de novo, segundo as diferentes circunstâncias.

Pode-se dizer que a Igreja, com a sua Doutrina Social, acompanhou passo a passo o crescimento da sociedade moderna, ajudando-a a enfrentar os difíceis desafios que nasceram constantemente das profundas transformações, particularmente durante o último século.

É certo que a Igreja pode apenas oferecer, não impor, o seu ensinamento social. Este muitas vezes não será compreendido, mas rejeitado. No entanto, a Igreja não pode faltar com o dever de iluminar tanto as consciências como as vicissitudes mutáveis da história com a luz do Evangelho, e faz isso oferecendo – não só aos cristãos, mas a todos os homens de boa vontade – exatamente os princípios de reflexão, os critérios de julgamento e as orientações de ação que constituem a sua "Doutrina Social".

A existência de uma DSI justifica-se, portanto, pelo fato de que a mensagem evangélica

> não vale somente para os cristãos, mas para todos os homens de boa vontade, em cujos corações atua, de maneira invisível, a graça. Com efeito, já que Cristo morreu por todos e a vocação última de todos os homens é realmente uma só, a saber, a divina, devemos manter que o

---

[2] Cf. PAULO VI, Encíclica *Populorum progressio* (26.03.1967), n. 79.

Espírito Santo a todos dá a possibilidade de se associarem a este mistério pascal, de maneira conhecida somente por Deus.[3]

2. Origem e desenvolvimento da DSI

A elaboração de uma "Doutrina Social da Igreja" verdadeira remonta ao final do século XIX, em concomitância com a explosão no Ocidente da chamada "questão social" que se seguiu à revolução industrial. Levanta-se então, de forma urgente, o problema de como apresentar, tornar crível e aceitável o ensinamento social cristão numa sociedade culturalmente pluralística e ideologicamente dividida, sempre mais secularizada e, por muitos aspectos, pós-cristã.

Com o mudar da "questão social" e com o progredir da reflexão teológica, também a DSI passou por fases diversas, renovando continuamente tanto o método de leitura das situações históricas como a resposta ético-religiosa a dar aos problemas novos que emergiam seguidamente. Ao mesmo tempo, veio afirmando-se – no plano histórico e no plano teológico – a tarefa sempre mais importante dos fiéis leigos, que passaram do papel de executores passivos das orientações da hierarquia para o papel de colaboradores ativos e responsáveis na própria elaboração da DSI.

Vejamos, então, quais foram as principais fases da evolução paralela da "questão social" (no plano histórico) e da DSI (no plano ético-teológico).

a) Fase da "ideologia católica" (1891-1931)

A primeira fase da DSI é a de Leão XIII. No início, a "questão social" se apresenta, sobretudo, como conflito ideológico entre socialismo e liberalismo, e a sua manifestação mais aguda na luta de classe entre "proletários" e "patrões". A *Rerum novarum* (1891) de Leão XIII – a primeira grande encíclica social, preparada em grande medida pelo trabalho dos centros sociais católicos que já atuavam em diversas nações – toma posição diante dos dramas da classe proletária. Condena as duas "filosofias" do liberalismo e do socialismo e afirma o primado dos valores morais,

---

[3] *Gaudium et spes*, n. 22.

propondo como solução a "filosofia perene" cristã, fundada na revelação e no direito natural. Quer dizer, a DSI se coloca no mesmo plano filosófico das ideologias que condena, contrapondo a elas a ideologia católica (a "cristandade"). O magistério não percebe ainda a importância da análise sociológica e científica, que começa a se afirmar naqueles anos, para um conhecimento adequado dos problemas sociais, os quais, na encíclica de Leão XIII, são reduzidos substancialmente à mera questão de ética filosófica. Enquanto tal, cabe à hierarquia intervir. Os leigos são ainda considerados apenas executores passivos das indicações magisteriais.

b) Fase da "nova cristandade" (1931-1958)

É a fase de Pio XI e de Pio XII. Depois da revolução de outubro de 1917, a "questão social" muda e se transforma em confronto filosófico e ideológico sobre a luta de classe (que, obviamente, não desaparece) em confronto entre dois modos de entender a democracia, entre dois concretos sistemas socioeconômicos contrapostos: capitalismo e comunismo. Pio XI, com a encíclica *Quadragesimo anno* (1931), reforça a condenação das duas ideologias opostas e propõe uma "terceira via" concreta – a "civilização cristã", como uma nova atualização do modelo medieval –, que traduz os princípios religiosos e éticos do magistério social num sistema (diferente tanto do liberalismo como do socialismo), numa forma de organização cristã da sociedade alternativa às outras duas. Pio XII, retomando as teses de J. Maritain, tentará elaborar uma forma de "nova cristandade". Com o Concílio Vaticano II, porém, também esta hipótese seria definitivamente superada.

Durante esta fase, a "Doutrina Social" ainda é reservada apenas à hierarquia. No entanto, a *Quadragesimo Anno* introduz uma primeira distinção significativa entre "*doutrina* sobre matérias sociais e econômicas" (reservada ao magistério) e "*ciência* social e econômica", de competência também dos leigos, cuja ação começa, portanto, a ser reconhecida. Ela, porém, deverá desenvolver-se sempre "sob o magistério e a guia da Igreja", quer dizer, limitando-se a "aplicar com mais eficácia a doutrina inalterada e inalterável da Igreja às numerosas necessidades".[4]

---

[4] PIO XI, *Quadragesimo anno* (15.05.1931), n. 20. In: C.E.R.A.S. *Il discorso sociale della chiesa*. Da Leone XIII a Giovanni Paolo II. Brescia: Queriniana, 1988, p. 72.

A visão continua sendo a de uma Igreja clerical, na qual os leigos são considerados como meros "auxiliares da Igreja".[5]

c) Fase do "diálogo" (1958-1978)

É a fase de João XXIII, do Concílio Vaticano II e de Paulo VI. A "questão social" muda de novo e assume dimensões planetárias. Não se trata mais apenas da luta entre duas classes, nem de confronto entre dois modelos opostos de sistema socioeconômico (liberal e socialista); agora está em discussão o próprio equilíbrio da humanidade, entre Norte rico e Sul pobre do mundo. Impõe-se por isso a construção de uma nova ordem mundial. As ideologias começam a entrar em crise, enquanto começam os processos de globalização mundial.

A Igreja, por sua vez, se renova com o Concílio Vaticano II (1962-1965). Da proposta de uma "terceira via" católica (Pio XI) e de uma "nova cristandade" (Pio XII), o magistério passa agora a teorizar a necessidade do "diálogo". Determinantes nesta direção são as intervenções tanto de João XXIII (com as encíclicas sociais *Mater et magistra* [1961] e *Pacem in terris* [1963]) como, sobretudo, do Concílio Vaticano II (especialmente com as constituições *Lumen gentium* [1964] e *Gaudium et spes* [1965], como também de Paulo VI (com a encíclica *Populorum progressio* [1967] e com a carta apostólica *Octogesima adveniens* [1971]).

É, sobretudo, importante notar que com a *Pacem in terris* do papa João, um dos raros papas profetas, e com Paulo VI muda o método na elaboração da DSI: passa-se do "método dedutivo", característico das fases precedentes, para o "método indutivo"; isto é, não se parte mais dos altíssimos princípios da revelação e do direito natural para daí deduzir um modelo de sociedade cristã, válido para todos os casos, a traduzir em prática em todo tempo e em todo lugar, mas se parte da leitura dos "sinais dos tempos", confiada às diversas comunidades cristãs, para interpretá-los depois à luz do Evangelho e do ensinamento da Igreja e deduzir, enfim, as escolhas a realizar junto com todos os homens de boa vontade (é o método inaugurado pela *Mater et magistra*: ver, julgar agir;

---

[5] Ibid., n. 152. In: C.E.R.A.S. *Il discorso sociale della chiesa*, cit., p. 113.

confirmado pela encíclica *Pacem in terris* e pela constituição *Gaudium et spes*; e codificado, enfim, por Paulo VI na *Octogesima adveniens*, n. 4).

d) Fase de um novo "humanismo global" (1978-2013)

É a fase de João Paulo II (1978-2005) e de Bento XVI (2005-2013). Nas últimas décadas do século XX, a "questão social" transcende também as dimensões "quantitativas" planetárias e se torna, sobretudo, um problema de "qualidade" de vida. Os desequilíbrios e os problemas superam os limites geográficos e materiais do mundo e dizem respeito à vida humana em si mesma, nos seus valores e nos seus direitos fundamentais. O bem comum não é mais apenas o bem material, mas abrange também os bens relacionais. João Paulo II, com as suas encíclicas sociais (*Laborem exercens* [1981], *Sollicitudo rei socialis* [1987], *Centesimus annus* [1991]) e com toda a sua obra, dirige-se a todos indistintamente, para além das diferenças culturais, acima dos diferentes sistemas políticos, econômicos e sociais.

O ensinamento social da Igreja, que nas primeiras duas fases se dirigia, sobretudo, aos países desenvolvidos do Ocidente de tradição cristã (os únicos em melhor condição de traduzi-lo na prática), desde o papa Wojtyla em diante (especialmente depois da queda do muro de Berlim em 1989), dirige-se indistintamente a todas as nações e pode ser, inclusive, compartilhado por crentes e não crentes, no Oriente e no Ocidente, nos países desenvolvidos, bem como naqueles em via de desenvolvimento.

A etapa mais importante é obviamente a do Concílio Vaticano II, pelo qual – entre outras coisas – são afirmadas de modo claro a responsabilidade e a autonomia dos leigos no seu compromisso temporal (já enunciadas por João XXIII na encíclica *Mater et magistra* [1961]). Graças ao aprofundamento da eclesiologia de comunhão, o Concílio supera definitivamente a velha concepção clerical da Igreja como "sociedade perfeita" e, graças à teologia das realidades terrestres, reavalia plenamente tanto a tarefa insubstituível dos leigos na Igreja (entendida agora não mais como "sociedade perfeita", mas como "povo de Deus a caminho na história") e no mundo, como o próprio conceito de laicidade.

A queda do muro de Berlim, em 1989, põe fim ao confronto-conflito, que durou quase três séculos, entre modelos de sociedade inspirados em ideologias diferentes: a "democracia liberal-capitalística", inspirada pela cultura liberal; o "socialismo real", inspirado pelo marxismo; e a "nova cristandade", inspirada pela cultura judeo-cristã (elaborada, sobretudo, por Jacques Maritain). Um depois do outro, estes três modelos ideológicos são superados (e desmentidos) pela história. Em 1989 implode o modelo do "socialismo real"; em 2008, junto com a "bolha financeira" explode o "liberal-capitalismo financeiro"; antes também entrara em crise o modelo de "nova cristandade" (a chamada "terceira via" entre liberalismo e socialismo), em seguida ao estender-se do fenômeno da secularização, bem como às aquisições doutrinais e pastorais do Concílio Vaticano II. O vazio deixado pela crise destas ideologias clássicas é enchido pela nova ideologia "libertária" e "tecnocrática", que acabou se tornando "o pensamento único" dominante no mundo globalizado.

Bento XVI escreve *Caritas in veritate* (2009) exatamente para fazer frente aos muitos desafios que provêm da difusão desse "pensamento único" e dos processos de globalização. A "questão social" muda em seguida. A encíclica do papa Ratzinger constitui, portanto, uma virada na história centenária das encíclicas sociais e se apresenta como a *magna charta* para enfrentar o verdadeiro desafio do século XXI: elaborar um novo modelo de desenvolvimento mundial baseado num humanismo novo que leve os povos da Terra a viver unidos no respeito pela diversidade.

Com a *Caritas in unitate*, Bento XVI, sem tirar nada da importância histórica da *Rerum novarum* de Leão XIII – que os pontífices precedentes de fato comemoraram cada década –, afirma que o magistério social de Paulo VI é o mais adequado para os problemas sociais de hoje. Por isso toma a encíclica *Populorum progressio* (1967) como ponto de referência, chegando a defini-la como "a *Rerum novarum* da época contemporânea".[6] Consolida assim a opção feita por João Paulo II, que, ao publicar a encíclica *Sollicitudo rei socialis* (1987) no vigésimo aniversário da encíclica *Populorum progressio*, já tinha mostrado que considerava a encíclica de Paulo VI mais apta que a *Rerum novarum* para inspirar a DSI no terceiro milênio. De fato – explica o papa Ratzinger –, depois do

---

[6] Cf. *Caritas in veritate* (29.06.2009), n. 8.

desmentido histórico do "socialismo real" e agora também do "liberal-capitalismo", a "questão social" não é mais aquela original da "luta de classe" entre proletários e capitalistas, nem aquela do confronto entre modelos opostos de economia marxista e liberal, nem a busca de uma distribuição igual dos recursos entre o Norte e o Sul do mundo. Hoje a questão social tornou-se "questão antropológica". O desafio está, sobretudo, no modo de conceber a vida humana, a qual – através do recurso às biotecnologias de que o homem dispõe – pode ser manipulada de milhares de modos: desde a fecundação *in vitro* até a pesquisa com embriões, a clonação e a hibridação humana.

Ou seja, aconteceu que, no lugar das ideologias políticas do século XIX e XX, tomou vigor uma cultura libertária, a nova "ideologia tecnocrática". O homem de hoje está como que embriagado pelo poder de que dispõe. Graças à ciência e à técnica ele está "convencido – escreve Bento XVI – de ser o autor de si mesmo, da sua vida e da sociedade [...]. A convicção de ser autossuficiente e de conseguir eliminar o mal presente na história apenas com a própria ação induziu o homem a identificar a felicidade e a salvação com formas imanentes de bem-estar material e de ação social".[7] Por isso Bento XVI, depois de ter criticado a fundo a "ideologia tecnocrática" dominante, relembra alguns princípios éticos, culturais e políticos de um humanismo novo, universalmente compartilhável, sobre o qual fundar o desenvolvimento humano integral de um mundo globalizado.

O mérito principal do magistério social de João Paulo II e de Bento XVI é ter identificado o desafio fundamental do século XXI e do mundo que se globaliza na superação do individualismo imperante: é necessário aprender a viver unidos, respeitando os diferentes. Para fazer isso não há outro caminho senão partir daquela "gramática ética" que – como disse João Paulo II ao falar para a ONU no 50º aniversário da sua fundação – está escrita no coração de todos. A DSI, portanto, se compromete a explicitar as principais regras éticas, pessoais e sociais, comuns a todos: a dignidade da pessoa humana, a solidariedade, a subsidiariedade, a qualidade da vida. São os pilares sobre os quais se fundamentam a convivência civil e a própria democracia.

---

[7] *Caritas in veritate*, n. 34.

O limite desta terceira fase de desenvolvimento da DSI (mesmo tendo sido notável do ponto de vista doutrinal) foi que João Paulo II e Bento XVI preferiram voltar ao método dedutivo, invertendo o caminho inaugurado pela *Mater et magistra* de João XXIII, incrementado pelo Concílio Vaticano II sobretudo com a *Gaudium et spes* e reconhecido oficialmente por Paulo VI na *Octogesima adveniens* (n. 4). Foi, também, esta volta ao antigo um sintoma do longo período de "normalização" que caracterizaria a vida da Igreja depois da morte do papa Montini até a eleição do papa Francisco.

e) A "revolução" do papa Francisco

Não podemos esquecer o clima de "Concílio inacabado" que se respirava nos últimos dois ou três anos do pontificado do papa Ratzinger. A Igreja parecia visivelmente exausta e cansada, conformada consigo mesma. Por um lado, estava preocupada com a visível diminuição da prática religiosa e a queda generalizada da fé; por outro lado, estava prostrada e humilhada por causa dos numerosos escândalos: desde a chaga dos padres pedófilos até a falta de transparência em algumas operações financeiras da banca vaticana, os casos de carreirismo mundano e de divisões profundas nas cúpulas da Santa Sé, lançados de maneira sensacionalista à opinião pública. A situação parecia, além disso, mais deteriorada após a renúncia do papa Ratzinger.

A eleição inesperada do papa Francisco pôs fim, de fato, à estação sombria da "normalização" realizada durante os dois pontificados precedentes. Desde o início, o papa Bergoglio não fez mistério de querer reatar com o impulso profético do papa Roncalli, com o Concílio e com Paulo VI. Em particular, sem negar o papel insubstituível da *doutrina* no anúncio da fé, Francisco mostrou que preferia a força "renovadora" do Evangelho vivido, testemunhado com a vida. Francisco está convencido de que o testemunho vivo do Evangelho é mais eficaz que um tratado teológico; viver o Evangelho faz compreender a mensagem de Cristo muito melhor que uma longa encíclica. Isto não significa absolutamente diminuir a importância das intervenções doutrinais do magistério, porém, mais que anunciar a verdade nos termos abstratos da filosofia e da teologia, o novo papa prefere testemunhá-la através da linguagem concreta da vida que todos entendem.

É preciso, portanto, "voltar ao Evangelho". O novo bispo de Roma, com esta sua surpreendente "opção evangélica", não só mudou o clima dentro e fora da Igreja, mas mostra visivelmente à humanidade o rosto renovado da Igreja, assim como o Concílio, sobretudo, o tinha entrevisto, ou seja, o rosto de uma Igreja livre, pobre e serva, que procede unida ao seu interior em espírito sinodal. O documento fundamental no qual é amplamente exposta esta "opção evangélica" do papa Francisco continua sendo a exortação apostólica *Evangelii gaudium* (2013). Todavia, um sinal particularmente significativo da vontade de Francisco de reatar com o espírito do papa João, do Concílio e de Paulo VI é a volta (depois de 35 anos) ao método indutivo na DSI, aplicado nos três documentos por ele até agora publicados: a carta apostólica *Evangelii gaudium* (2013), a encíclica *Laudato si'* (2015) e a exortação apostólica pós-sinodal *Amoris laetitia* (2016).

PARTE SEGUNDA
Princípios de reflexão

A revelação e o Evangelho, explica Paulo VI,

> não se identificam por certo com a cultura, e são independentes em relação a todas as culturas. E, no entanto, o Reino que o Evangelho anuncia é vivido por homens profundamente ligados a uma determinada cultura, e a edificação do Reino não pode deixar de servir-se de elementos da civilização e das culturas humanas. O Evangelho e a evangelização, independentes em relação às culturas, não são necessariamente incompatíveis com elas, mas suscetíveis de impregná-las todas sem se escravizar a nenhuma delas.[1]

Por isso, na sociedade multicultural e multiétnica do nosso tempo, se se quer que o Evangelho fermente a nova civilização do amor que deve nascer, é preciso "inculturar" os valores cristãos nos problemas, nas culturas, na linguagem e nos símbolos do mundo de hoje. A DSI, portanto, oferece a todos alguns "princípios de reflexão" como contribuição para o nascimento de um novo humanismo para o século XXI. Por outro lado, sem esta necessária "mediação cultural", a Palavra de Deus permanece distante e incompreensível. Para isso é essencial instaurar um diálogo leal e aberto com todos os homens de boa vontade, de modo que, movidos por valores comuns compartilhados, possamos caminhar juntos para a verdade plena. Neste esforço tornou-se necessário rever as categorias e a linguagem tradicional do magistério, por tempo demais ligado aos esquemas mentais e à terminologia filosófica e teológica neoescolástica que os homens de hoje não compreendem mais. Foi este o esforço fundamental do Concílio Vaticano II, que resolveu o problema recorrendo principalmente às categorias bíblicas e preferindo estas às categorias filosóficas.

A DSI oferece, portanto, antes de tudo, "princípios de reflexão" – de natureza religiosa, ética e cultural –, sobre os quais fundamentar o diálogo intercultural e inter-religioso, para contribuir para a construção de novas estruturas comuns da família humana que se unifica e está se globalizando, no respeito do pluralismo das culturas e das fés. "Não vivemos num mundo irracional e sem sentido – disse João Paulo II no discurso à ONU no 50º aniversário da sua fundação – mas, ao

---

[1] Cf. PAULO VI, Exortação apostólica *Evangelii nuntiandi* (08.12.1975), n. 20.

contrário, há uma 'lógica' moral que ilumina a existência humana e torna possível o diálogo entre os homens e entre os povos"; portanto – acrescentou – "se quisermos que um século de 'constrição' ceda espaço a um século de 'persuasão', devemos encontrar o caminho para discutir, com uma linguagem compreensível e comum, acerca do futuro do homem. A lei moral universal, escrita no coração do homem, é aquela espécie de 'gramática' que serve para o mundo enfrentar esta discussão sobre o seu próprio futuro".[2]

No mundo globalizado do século XXI devemos todos aprender a viver unidos aceitando-nos como diferentes. Ninguém pode impor aos outros a sua cultura própria, a moral própria, a fé religiosa própria. É preciso, ao contrário, partir daquilo que nos une para crescer e caminhar juntos para a maior unidade possível, para um humanismo planetário comum. Para isto a DSI evidencia algumas regras daquela "gramática ética comum", inscrita na consciência de cada pessoa, qualquer que seja a raça, a posição geográfica, a cultura, a língua, a cor da pele, a fé religiosa. Trata-se de valores presentes em todas as Constituições democráticas do mundo e nas grandes Cartas internacionais da ONU, relativas aos direitos fundamentais.

As "regras" ou princípios da "gramática ética comum", universalmente compartilhada, sobre os quais insiste principalmente a DSI com vistas a fundar o novo humanismo da sociedade globalizada, são, sobretudo, o personalismo, a solidariedade e o bem comum.

---

[2] JOÃO PAULO II, Discurso à ONU no 50º aniversário da sua fundação.

Capítulo II

O princípio do personalismo

A dignidade da pessoa humana é o princípio fundamental sobre o qual se baseia toda a vida social. É o primeiro valor, reconhecido agora por todas as Constituições democráticas do mundo. Mas o que é a pessoa? Sobre o que se funda a sua dignidade inalienável?

Hoje a dificuldade maior do discurso sobre a dignidade da pessoa está no fato de que a cultura dominante – aquela que respiramos todo dia, o neoliberalismo, que, depois do fim do socialismo real, se tornou o "pensamento único" – reduziu o conceito de pessoa ao conceito de indivíduo, quer dizer, difundiu uma concepção "fraca" dela, reduzindo-a a uma realidade puramente imanente. A pessoa é, porém, uma realidade essencialmente aberta ao outro, transcendente: é um ser-em-relação que não pode viver recolhido ou fechado em si mesmo, como gostaria o individualismo hoje dominante. Ao se negar a relacionalidade intrínseca da pessoa se cai – como acontece hoje – no egoísmo e no subjetivismo; coloca-se a busca do interesse próprio acima do interesse comum; o bem-estar e a qualidade da vida humana são identificados com o consumismo; Deus é excluído do horizonte do homem e se pretende construir a cidade terrena "como se Deus não existisse"; considera-se e tolera-se a religião como mero fenômeno privado ou de culto, sem nenhuma importância social; nega-se a existência de normas éticas objetivas e se exalta o relativismo ético como uma forma de maturidade civil e humana.

Numa palavra, à concepção "fraca" de pessoa, entendida como "indivíduo", está inevitavelmente ligada a crise da sociedade do nosso tempo: as relações sociais são reduzidas ao puro respeito formal pelas regras; a legalidade ao frio emprego da justiça; a convivência à pura filantropia, mas sem verdadeira fraternidade. Em conclusão, o "pensamento único" individualista, hoje dominante, é substancialmente uma cultura sem alma, materialista, um humanismo exclusivo, sem Deus, fechado ao Absoluto e à atenção aos outros, até ao absurdo de levantar muros divisórios e barreiras de arame farpado.

Para superar esta concepção fraca da pessoa e da sociedade, e para construir uma sociedade finalmente justa e fraterna, à medida do homem, é preciso, portanto, partir de novo do fundamento: recuperar a dignidade da pessoa humana, o seu ser um sujeito-em-relação: com Deus e com os outros. A pessoa humana se realiza e alcança a sua perfeição e maturidade somente ao se transcender.

A DSI lembra, por isso, três princípios fundamentais, adotáveis por todos (1) antes de tudo, a fim de que a dignidade da pessoa e os seus direitos tenham valor absoluto, devem estar fundados sobre o Absoluto, ou seja, sobre Deus; (2) em segundo lugar, a pessoa atinge a sua perfeição ao estar-em-relação com os outros, sobretudo, na família; (3) e, ao mesmo tempo, na sociedade.

1. A pessoa, sujeito-em-relação com Deus

A história demonstra que Deus e o homem ou ficam juntos ou caem juntos. Todas as vezes que o homem exclui ou renega a sua relação com o Absoluto, perde a si mesmo. Paulo VI comenta:

> O homem pode organizar a terra sem Deus, mas sem Deus só a pode organizar contra o homem. Humanismo exclusivo é humanismo desumano. Não há, portanto, verdadeiro humanismo, senão o aberto ao Absoluto, reconhecendo uma vocação que exprime a ideia exata do que é a vida humana. O homem só pode realizar a si mesmo ultrapassando-se.[1]

Isto é confirmado pelo fato de que, todas as vezes que o homem encontra a si mesmo, encontra Deus; como aconteceu na Rússia, onde,

---

[1] PAULO VI, Encíclica *Populorum progressio* (26.03.1967), n. 42.

depois de quase cem anos de "ateísmo científico", a redescoberta da liberdade levou à redescoberta de Deus e da religião.

Por isso, diante da crise do próprio conceito de pessoa e do seu estar-em-relação, é necessário recomeçar da relação pessoal com Deus. Para este fim, o encontro com o Evangelho é determinante. De fato, recorda o Concílio Vaticano II: "Cristo, novo Adão, na própria revelação do mistério do Pai e do seu amor, revela o homem a si mesmo e descobre-lhe a sua vocação sublime".[2] Quer dizer, a Palavra de Deus serve de espelho, de consciência crítica, mostrando o que há de positivo e de negativo numa determinada concepção da vida. Ao mesmo tempo, desempenha também o papel de consciência profética, ou seja, indica horizontes novos, renova os homens e os modelos de vida. Não basta criticar as coisas que não funcionam, mas é preciso, sobretudo, construir positivamente uma cultura nova, testemunhando os valores evangélicos: "Não te deixes vencer pelo mal, mas triunfa do mal com o bem" (Rm 12,21).

Ora, o Evangelho ensina que o homem vale pelo que é e não pelo que tem ou pelo que faz. O homem merece amor e respeito porque vive, não porque possui. A sua dignidade está ligada ao fato de que é pessoa. Portanto, desde o momento em que se acende a primeira centelha da vida no seio da mãe, até o momento da morte física, toda pessoa conservará sempre a sua honorabilidade, mesmo se for pobre ou enferma, mesmo se erra ou é delinquente. A pessoa humana não perde nunca a sua grandeza nativa e ninguém lha pode tirar. O homem permanece sempre o princípio e o fim da convivência. Sobre este ponto – teoricamente – estamos todos substancialmente de acordo. Diz o Concílio: "Tudo quanto existe sobre a terra deve ser ordenado em função do homem, como seu centro e seu termo: neste ponto existe um acordo quase geral entre crentes e não crentes".[3]

A dificuldade surge, porém, quando se trata de esclarecer a origem e o fundamento da dignidade da pessoa. São dadas muitas explicações. No entanto – como a história demonstra –, nenhuma concepção puramente imanente do homem consegue fundamentar de modo absoluto

---

[2] *Gaudium et spes*, n. 22.

[3] Ibidem, n. 12.

a dignidade e a existência de direitos inalienáveis. Toda vez que se nega ou se ignora a origem transcendente da pessoa, se cai no relativismo e o homem se destrói. A raça, a cultura, a saúde, o poder, o sucesso, o dinheiro ou qualquer outra realidade imanente nunca poderão fundamentar o valor primário da pessoa. A pessoa humana sempre tem valor de fim, nunca se poderá tornar cobaia ou instrumento, nem sequer com a finalidade de alcançar um fim bom, que poderia ser a pesquisa científica ou médica.

A revelação divina nos ajuda a descobrir a verdadeira origem da dignidade transcendente da pessoa humana. "A Sagrada Escritura – explica o Concílio – ensina que o homem foi criado 'à imagem de Deus', capaz de conhecer e amar o seu Criador, e por este constituído senhor de todas as criaturas terrenas, para as dominar e delas se servir, dando glória a Deus".[4] Noutras palavras, a pessoa humana possui – de modo diferente de todos os outros seres vivos – uma dignidade transcendente e direitos inalienáveis, porque foi criada "à imagem e semelhança" de Deus (Gn 1,26).

O que significa, porém, ser criado à imagem de Deus. Na Bíblia, o termo "imagem" (em grego *eikôn*) indica a própria essência da realidade que é representada e tornada presente. Por isso, quando o Gênesis diz que "Deus criou o homem à sua imagem", quer dizer que a pessoa humana participa do conhecimento e da liberdade de Deus. A pessoa humana é "imagem" de Deus – especifica o Concílio – porque o homem "é na terra a única criatura a ser querida por Deus por si mesma".[5] Noutras palavras – comenta João Paulo II –, "a origem do homem não obedece apenas às leis da biologia, mas também diretamente à vontade criadora de Deus [...]. Deus 'quis' o homem desde o princípio, e Deus o 'quer' a cada concepção e nascimento humano. Deus 'quer' o homem como um ser semelhante a si, como pessoa".[6] Por isso, ser criado à "imagem e semelhança de Deus" significa duas coisas: a primeira, que cada um de nós (cada pessoa humana) existe porque foi "querido" diretamente por Deus com um livre ato de amor;

---

[4] Ibidem.

[5] Ibidem, n. 24.

[6] JOÃO PAULO II, Carta às famílias *Gratissimam sane* (02.02.1994), n. 9.

e, a segunda, que cada um de nós (cada pessoa humana) é livre e capaz de conhecimento e de amor.

Ora, essa dignidade transcendente da pessoa – já *per se* grande e sublime – alcança a sua plenitude graças, sobretudo, à destinação sobrenatural do homem. De fato, a Sagrada Escritura revela que "a imagem do Deus invisível" (Cl 1,15) por excelência é Cristo, o filho Unigênito de Deus, feito homem. "Ninguém jamais viu a Deus [...] foi ele quem no-lo deu a conhecer" (Jo 1,18); quem o vê, vê Deus (cf. Jo 14,9). Esta impressionante revelação nos faz saber que, como Cristo é imagem do Pai, assim, de modo análogo, também o homem é imagem de Deus; e que por isso nenhum de nós existe por acaso, mas, como Cristo e com Cristo, também fazemos parte do plano eterno do Pai, "escondido desde séculos na mente de Deus, criador do universo" (Ef 3,9), e agora manifestado na plenitude dos tempos, ou seja, o plano de "restaurar em Cristo, sob uma só cabeça, todas as coisas, tanto as que estão no céu como as que estão na terra". Cada pessoa humana é chamada a se tornar em Cristo um "homem novo" (Ef 1,10; 2,15).

Portanto, a expressão "ser pessoa criada à imagem e semelhança de Deus" não significa apenas ser naturalmente inteligentes e livres, mas também ser chamados a participar na vida divina, a tornarem-se filhos no Filho, até poder dizer: "Não sou mais eu que vivo, é Cristo que vive em mim" (Gl 2,20). Só em Cristo a pessoa humana alcança o seu pleno significado.

A esta altura, cada um de nós pode parafrasear e aplicar a si verdadeiramente o conhecido texto de São Paulo aos Romanos: "Desde o princípio o Pai me conheceu e me amou no seu Filho Unigênito. Desde sempre me escolheu ("predestinou") a ser filho no Filho ("a ser conforme à imagem do seu Filho"), para que ele seja o primogênito de muitos irmãos. Por isso Deus deu o meu nome ("também me chamou"), me fez entrar em comunhão de vida com ele ("me justificou" = hebr. *sedeq*) e manifesta em mim o seu poder ("também me glorificou")" (cf. Rm 8,29s).

Eis em que verdadeiramente se baseia a dignidade transcendente da pessoa humana: no fato de ela ser querida e amada por Deus, chamada a participar na vida divina. *Homem, torna-te a ti mesmo!* Esta é a premissa e a origem de todo discurso verdadeiro sobre o homem; Deus vem antes da pessoa e fundamenta a dignidade, a liberdade e os direitos inalienáveis dela.

Por este motivo, a cultura dominante, eivada de materialismo e de secularismo, ataca não só a dignidade do homem, mas tudo o que se baseia na dignidade pessoal: os direitos inalienáveis, pessoais e sociais. Portanto, é preciso partir não tanto de um discurso teórico sobre Deus quanto da experiência pessoal da nossa relação filial com ele. A consciência de ser "imagem" (ou seja, "filho") de Deus se adquire, mais do que com o estudo, com a vida no Espírito, o qual nos guia progressivamente para a verdade plena (cf. Jo 16,13).

Ora, a DSI esclarece ulteriormente que o lugar onde a pessoa humana se descobre e se realiza como sujeito-em-relação são "os outros", os quais podem ser considerados em dois círculos concêntricos: o primeiro círculo, menor, é a família; o segundo, mais amplo, é a sociedade.

2. A pessoa, sujeito-em-relação na família

O primeiro lugar no qual a pessoa se descobre e se realiza como sujeito-em-relação com os outros é a família. A família é o berço no qual o homem nasce, cresce, se desenvolve e toma consciência do seu ser pessoa; descobre a si mesmo e a sua relação com o outro: com os pais, os irmãos, a sociedade, com a realidade circunstante; a família, portanto, é o lugar privilegiado no qual a pessoa experimenta o que significa ser sujeito de uma dignidade transcendente e de direitos inalienáveis.

Realmente, a pessoa humana nunca pode ficar fechada em si mesma. Ela sempre tem uma dimensão social. A sociedade não é estranha à pessoa, não é como um rótulo que se cola na garrafa. A índole social é intrínseca à pessoa. A sociedade, a começar pela sociedade familiar, nasce dentro da pessoa. A pessoa é essencialmente social. Também sob este aspecto o homem é imagem de Deus, no qual cada uma das três pessoas divinas afirma a relação intrínseca com as outras.

A DSI sublinha esta ulterior especificação da relação com o outro como aspecto essencial da semelhança do homem com Deus.

Desde o princípio – diz o Concílio – [Deus] criou-os "varão e mulher" e a sua união constitui a primeira forma de comunhão entre pessoas. Pois o homem, por sua própria natureza, é um ser social, que não pode viver nem desenvolver as suas qualidades sem entrar em relação com os outros.[7]

Por isso, depois de ter dito "à imagem de Deus *o* criou", a própria Bíblia acrescenta logo no plural: "macho e fêmea *os* criou" (Gn 1,27). É como dizer: o homem criado à imagem de Deus não é um isolado, mas intrinsecamente "social", como Deus que é Trindade; e as relações humanas interpessoais são relações de comunhão e de amor, à imagem daquelas da Trindade: "Deus criou o homem à sua imagem e semelhança, chamando-o à existência por amor, chamou-o ao mesmo tempo para o amor";[8] um amor que, pertencendo ao próprio ser da pessoa e orientando-a essencialmente para o outro, possui – como em Deus – uma dupla característica: é fecundo e indissolúvel. Estes são os caracteres fundamentais que tornam o primeiro círculo da sociedade, a família, "imagem e semelhança" de Deus Trindade, família divina.

Em primeiro lugar, o amor é *fecundo*. Estar-em-relação é sempre fecundo; gera conhecimento, amor, vida. Quando duas pessoas se amam, elas se enriquecem mutuamente, pelo menos no plano espiritual, porque o amor produz alegria, confiança na vida e em si mesmas, crescimento humano; e depois também no plano físico. Pode-se dizer que a fecundidade espiritual dos esposos alcança o seu vértice na fecundidade física: um esposo não pode enriquecer o outro mais do que o tornando pai ou mãe. "Os cônjuges, enquanto se doam entre si – diz João Paulo II –, doam para além de si mesmos a realidade do filho, reflexo vivo do seu amor, sinal permanente da unidade conjugal e síntese viva e indissociável do ser pai e mãe".[9] Graças à fecundidade espiritual e física, o ser pessoa se realiza plenamente na comunhão familiar.

Deus nos pensou juntos! Somos pessoas diferentes, caracteres diferentes, com qualidades diferentes. Mesmo, porém, sendo e permanecendo diferentes, somos destinados a viver unidos: "O homem e a

---

[7] *Gaudium et spes*, n. 12.

[8] JOÃO PAULO II, Exortação apostólica *Familiaris consortio* (22.11.1981), n. 11.

[9] Ibidem, n. 14.

mulher são chamados, desde o início, não só a existir 'um ao lado do outro' ou 'juntos', mas também a existir reciprocamente 'um para o outro'".[10] Caros esposos, Deus vos pensou juntos, desde o princípio! Ao pensar um, Deus o pensou sempre junto com o outro e os filhos.

Em segundo lugar, o amor é, para sempre, *indissolúvel*. João Paulo II explica: "Por sua natureza, o dom da pessoa exige ser duradouro e irrevogável. A indissolubilidade do matrimônio deriva primariamente da essência de tal dom: dom da pessoa à pessoa".[11] Ou seja, a totalidade e a fidelidade do dom esponsal derivam de ser pessoa "querida" à imagem e semelhança de Deus, o qual só é capaz de amar infinitamente, com todo o seu ser, "para sempre".

Exatamente por isso, também entre os esposos, "a doação física total seria mentirosa se não fosse sinal e fruto da doação pessoal total, na qual toda a pessoa, também na sua dimensão temporal, está presente: se a pessoa se reservasse algo ou a possibilidade de decidir de maneira diferente no futuro, já por isto ela não se doaria totalmente".[12]

As relações familiares, portanto, baseiam-se na consciência de que "ser pessoa" faz parte do plano de Deus e no fato de que "ser à imagem de Deus" significa reconhecer, para a pessoa, uma dignidade transcendente e direitos inalienáveis. Portanto, nunca se poderá reduzir a vida familiar – sem destruí-la – a uma relação de casal prevalentemente extrínseca e funcional, como hoje gostaria a cultura dominante: o marido desempenha a sua "função", a mulher desempenha a sua, e assim o lar doméstico "funciona" como um albergue ou uma empresa, onde cada um desempenha o seu papel próprio tornando a empresa "funcional". E a comunhão? E o amor? E a unidade na dualidade? Se quisermos que a família seja – como deve ser – "uma comunidade de pessoas, para quem o modo próprio de existirem e viverem juntas é a comunhão de pessoas", devemos recuperar "a referência exemplar ao 'nós' divino. Só as pessoas são capazes de viver 'em comunhão'",[13] à imagem e semelhança de Deus.

---

[10] JOÃO PAULO II, Encíclica *Mulieris dignitatem* (15.08.1988), n. 6.7.

[11] JOÃO PAULO II, Carta às famílias *Gratissimam sane* (02.02.1994), n. 11.

[12] Ibidem.

[13] Ibid., n. 7.

Portanto, a verdadeira razão pela qual a cultura dominante hoje não aceita nem a fecundidade nem a indissolubilidade do amor está na rejeição da transcendência da pessoa, do conceito de homem criado à imagem de Deus e chamado a participar na vida divina. E já que o homem, quando perde Deus, perde a si mesmo, também a família, privada do seu fundamento absoluto, se destrói. Não é de admirar, então, que muitos hoje consideram a família como um dos muitos acontecimentos contingentes. De modo que, diante das contínuas e profundas mudanças, eles acham totalmente normal perguntar-se: se os modelos de ontem não servem mais em nenhum campo, por que deveremos ficar apegados ao velho modelo de família? Por que, se um primeiro projeto de família falha, não tentar um segundo e, depois, talvez, um terceiro, como se faz com qualquer outro projeto humano?

É urgente, portanto, no contexto sociocultural do nosso tempo, dominado pelo "pensamento único" individualista, voltar a fundar a família sobre o valor absoluto do ser, assim como Deus a quis. No entanto, para isto não pode bastar um mero discurso cultural. Volta a necessidade do testemunho da vida. Precisa-se mais de experiência vivida do que de raciocínios. Portanto, a forma mais eficaz de evangelizar a família é demonstrar nos fatos, com a vida, que, abrindo-nos ao dom da graça divina, o que parece impossível a muitos, não só é possível mas é bom. Mas não basta dizer isto com palavras. Hoje as pessoas estão cansadas de palavras. "O homem contemporâneo – nos repete Paulo VI – escuta com melhor boa vontade as testemunhas do que os mestres, ou, então, se escuta os mestres, é porque eles são testemunhas."[14]

Hoje o mundo precisa de testemunhas do Evangelho. As famílias em crise hoje precisam de famílias prontas a dar razão da sua experiência também se confrontando no plano cultural, mas, sobretudo, a testemunhá-la, vivendo em plenitude e alegria o sacramento do Matrimônio, deixando transparecer a realização do "grande mistério" da união indissolúvel de Cristo com a Igreja.

---

[14] PAULO VI, Exortação apostólica *Evangelii nuntiandi* (08.12.1975), n. 41.

3. A pessoa, sujeito-em-relação na sociedade

A esta altura, o horizonte se alarga. A pessoa não só se aperfeiçoa na família mas através da família torna-se centro e célula viva da sociedade civil.

> A natureza social do homem – explica o Concílio – torna claro que o progresso da pessoa humana e o desenvolvimento da própria sociedade estão em mútua dependência. Com efeito, a pessoa humana, uma vez que, por sua natureza, necessita absolutamente da vida social, é e deve ser o princípio, o sujeito e o fim de todas as instituições sociais. Não sendo, portanto, a vida social algo de adventício ao homem, este cresce segundo todas as suas qualidades e torna-se capaz de responder à própria vocação, graças ao contato com os demais, ao mútuo serviço e ao diálogo com seus irmãos.[15]

E Bento XVI:

> [...] nenhum homem é uma mônada fechada em si mesma. As nossas vidas estão em profunda comunhão entre si; através de numerosas interações, estão concatenadas uma com a outra. [...] Continuamente entra na minha existência a vida dos outros: naquilo que penso, digo, faço e realizo. E, vice-versa, a minha vida entra na dos outros: tanto para o mal como para o bem.[16]

Compreende-se então por que o amor e a solidariedade, ou seja, o vínculo que – à imagem de Deus – une os homens entre eles não só em família, mas também na sociedade civil, é algo mais que

> um sentimento de compaixão vaga ou de enternecimento superficial pelos males sofridos por tantas pessoas próximas ou distantes. Pelo contrário, é a determinação firme e perseverante de se empenhar pelo bem comum; ou seja, pelo bem de todos e de cada um, porque todos nós somos verdadeiramente responsáveis por todos.[17]

---

[15] *Gaudium et spes*, n. 25.

[16] BENTO XVI, Encíclica *Spe salvi* (30.11.2007), n. 48.

[17] JOÃO PAULO II, Encíclica *Sollicitudo rei socialis* (30.12.1987), n. 38.

Com efeito, ser "à imagem de Deus" assim como, por um lado, sublima a dignidade da pessoa, por outro lado, também sublima o amor e a solidariedade entre os homens (na família e na sociedade), transformando-os em caridade (*agapê*).

> À luz da fé, a solidariedade tende a superar a si mesma, a revestir as dimensões *especificamente cristãs* da gratuidade total, do perdão e da reconciliação. O próximo, então, não é só um ser humano com os seus direitos e a sua igualdade fundamental em relação a todos os demais, mas torna-se a imagem viva de Deus Pai, resgatada pelo sangue de Jesus Cristo e tornada objeto da ação permanente do Espírito Santo. Por isso, ele deve ser amado, ainda que seja inimigo, com o mesmo amor com que o ama o Senhor; e é preciso estarmos dispostos ao sacrifício por ele, mesmo ao sacrifício supremo: "dar a vida pelos próprios irmãos".[18]

O amor cristão, portanto, não é mera filantropia. É caridade (*agapê*), ou seja, amor primeiro, gratuito e desinteressado, e transforma a convivência humana em "civilização do amor".

A fé cristã não se opõe à razão, mas a integra (a "purifica", diria Bento XVI). A legalidade é realmente necessária, mas sozinha não basta:

> Em nome de uma pretensa justiça (por exemplo, histórica ou de classe), muitas vezes se aniquila o próximo, se mata, se priva da liberdade e se despoja dos mais elementares direitos humanos. A experiência do passado e do nosso tempo demonstra que a justiça, por si só, não basta e que pode até levar à negação e ao aniquilamento de si própria, se não se permitir àquela força mais profunda, que é o amor, plasmar a vida humana nas suas várias dimensões.[19]

A solidariedade encontra o seu aperfeiçoamento na fraternidade, reforçada pela consciência religiosa que leva os homens a se descobrirem todos filhos do mesmo Pai. A história confirma que, para construir um mundo mais igual, não basta o equilíbrio dos direitos e dos deveres, se faltar a fraternidade (a qual – não por acaso – é um dos princípios cardeais da Revolução francesa).

---

[18] Ibidem, n. 40.

[19] JOÃO PAULO II, Encíclica *Dives in misericordia* (30.11.1980), n. 12.

Concretamente, na presente situação cultural e politicamente fragmentada do mundo, os cristãos estão em condições, sim ou não, de ajudá-lo a encontrar a sua unidade no respeito da pluralidade, de acordo com os processos de globalização? São capazes, sim ou não, de realizar junto com os outros cidadãos do mundo uma mediação cultural que capte o que há de válido nas diferentes tradições, sem pedir a ninguém que renegue as suas raízes e a sua história, mas levando todos a ir além das barreiras ideológicas e culturais anacrônicas e olhar em frente para uma humanidade unida?

Certamente sim. Não só são capazes, mas hoje é seu dever. A isto os compromete o "grande 'sim' da fé" que – como disse Bento XVI, tendo presente particularmente a situação italiana, no seu discurso no Congresso eclesial nacional de Verona – é testemunhado através da caridade, também no plano cultural, social e político. Quer dizer, trata-se de oferecer a sua contribuição de valores e de ideias não de modo instrumental, para impor aos outros uma visão confessional própria, mas participando de modo desinteressado na formação de um *éthos* civil e leigo compartilhado, em torno do qual realizar a unidade na pluralidade, necessária para garantir o bem comum.

Os princípios e os valores são sempre em si "inegociáveis", mas a sua tradução histórica está sujeita às condições de tempo e de lugar, segundo o consenso e o desenvolvimento do costume e da vida política. A própria natureza da arte política não consente que aquelas exigências absolutas se traduzam imediatamente em leis, mas impõe a necessária gradualidade exigida pelas situações concretas.

> O fiel leigo – afirma o *Compêndio da Doutrina Social da Igreja* – é chamado a divisar, nas situações políticas concretas, os passos realisticamente possíveis para dar atuação aos princípios e aos valores morais próprios da vida social. [...] A fé nunca pretendeu manietar num esquema rígido os conteúdos sociopolíticos, bem sabendo que a dimensão histórica, em que o homem vive, impõe que se admita a existência de situações não perfeitas e, em muitos casos, em rápida mudança.[20]

---

[20] Pontifício Conselho de Justiça e Paz, *Compêndio da Doutrina Social da Igreja* (trad. port. na Internet, original da Libreria Editrice Vaticana, 2004), n. 568 Disponível em: <http://www.vatican.va/roman_curia/pontifical_councils/justpeace/documents/rc_pc_justpeace_doc_20060526_compendio-dott-soc_po.html>.

Por isso se aplica também ao exercício da caridade cultural e política o que Bento XVI diz em geral na encíclica *Deus caritas est*: "O cristão sabe quando é tempo de falar de Deus e quando é justo não o fazer, deixando falar somente o amor. Sabe que Deus é amor (cf. 1Jo 4,8) e torna-se presente precisamente nos momentos em que nada mais se faz a não ser amar".[21]

Os cristãos, portanto, não deixarão faltar a sua contribuição responsável. Enquanto, por um lado, se esforçarão por inspirar com valores absolutos a sua ação social e política, no respeito pelas regras democráticas, pela laicidade e em diálogo com todos, por outro lado, não cessarão nunca de testemunhar com a palavra e com o exemplo, privadamente e em público, a sua adesão ao Evangelho e à Igreja, confiados na força irresistível do testemunho da fé através da caridade: "Sereis minhas testemunhas" (At 1,8).

---

[21] BENTO XVI, Encíclica *Deus caritas est* (25.12.2005), n. 31c.

Capítulo III

O princípio de solidariedade |

Não é exagerado afirmar que, enquanto o mundo nos últimos cinquenta anos mudou literalmente, os princípios nos quais se apoia a DSI – devidamente atualizados – permanecem ainda válidos e são capazes de inspirar eficazmente a ação social dos cristãos e dos homens de hoje. Isto é válido, em particular, para o "princípio de solidariedade".

Paradoxalmente, a gravíssima crise econômico-financeira de hoje constitui talvez a melhor ocasião para demonstrar a atualidade e a validade deste princípio. De fato, a referência ao "princípio de solidariedade" ajuda: (1) por um lado, a ter uma visão integral e não parcial da crise atual; e (2) por outro lado, a divisar na crise uma oportunidade mais que um obstáculo, com vistas a resolver a grave crise que hoje ameaça a justiça e a paz no mundo.

1. Uma visão não parcial da crise atual

Certamente, a falência do modelo socialista fez ressaltar melhor a capacidade que a economia livre de mercado tem de produzir riqueza. Ao mesmo tempo, porém, a crise mundial deixou claro que um sistema econômico baseado numa cultura da produção e do consumo sem senso ético resulta de fato insustentável. Realmente, se a finalidade é apenas maior lucro, é lógico que a atividade especulativa deva ser preferida à atividade produtiva, o interesse do capital ao do trabalho. Isto, porém, especialmente agora que a globalização colocou o mercado financeiro ao alcance do cidadão médio, gera distorções tais de modo a tornar ingovernável o sistema e produz consequências desumanizadoras. Sobretudo, cria desemprego, porque o "mercado financeiro sem fronteira", que se tornou um setor de grande atrativo para os investimentos, está à mercê de "leis" dificilmente controláveis, que levam os capitais para fora dos confins nacionais, em busca de investimentos mais rentáveis, em que a oferta de mão de obra é mais abundante e de baixo custo.

Por isso, para sair da crise, é necessário que os processos de globalização não sejam deixados à pura lógica do mercado. A crescente interdependência das economias e dos sistemas sociais necessita que as condições de trabalho e de vida sejam orientadas por um *éthos* e por regras comuns, por uma nova cultura econômica que inspire uma *governança* equitativa e solidária da economia. É exatamente este o princípio para o qual a DSI inspira as suas reflexões. Os princípios antropológicos e os critérios éticos aos quais se refere o magistério social da Igreja ajudam a vislumbrar que, além do comportamento irresponsável dos agentes econômicos, a *causa última* da crise é o fato de que as regras do mercado, sozinhas, não bastam. A crise provocada pelos empréstimos *subprime* norte-americanos em 2007 é apenas o último elo de uma longa corrente de graves distorções que, antes de serem econômicas e financeiras, são de natureza cultural e moral. Certamente, a economia de mercado demonstrou estar em condições de produzir riqueza, mas o seu limite intrínseco está no fato de que, prescindido de algumas regras éticas fundamentais (a primazia do bem comum, a destinação universal dos bens, a prioridade do trabalho sobre o capital), não tem em si a capacidade de repartir de modo equitativo e solidário a riqueza produzida.

A crise atual, portanto, não é só de natureza econômica. O seu preço humano e social é muito alto e se traduz, antes de tudo, em falta de trabalho, com a consequência dramática de que se alargam perigosamente as desigualdades sociais. Por um lado, se fortalece em medida exorbitante o poder de poucos, que dispõem em abundância de bens supérfluos, por outro lado, aumenta a massa daqueles a quem falta o necessário. Os possuidores de capitais chegam a dispor como melhor julgam não só da riqueza produzida, mas também do trabalho humano que a produz:

empregam nova mão de obra apenas se acham que ela possa servir para incrementar o lucro da empresa. O lucro permanece como o único critério, como se a capacidade empresarial e gerencial não tivesse – como a propriedade privada – uma dimensão social intrínseca. O caminho a seguir, indicado pela DSI, é claro: é preciso introduzir alguns critérios morais e jurídicos precisos que fixem limites para a lógica do lucro, se se quer que o trabalho humano (fator essencial da identidade e da dignidade da pessoa e da paz social) não seja deixado ao arbítrio do mais forte ou à mercê de circunstâncias mutáveis como custos humanos e sociais inaceitáveis.

Noutras palavras, segundo a DSI, a causa última da crise econômica atual é a cultura econômica neoliberalista (o "pensamento único" dominante) com o seu intrínseco individualismo utilitarista e tecnocrático, para o qual o juízo ético permanece subordinado à eficiência, à inovação tecnológica e ao consenso social, sem nenhuma referência aos valores radicados na própria pessoa humana, na sua consciência moral e religiosa. Um novo pacto internacional, cuja necessidade hoje todos percebem, deverá certamente fixar novas regras comuns de coordenação em matéria monetária, financeira e comercial; mas elas mais uma vez se tornarão inadequadas se não forem inspiradas pelo "princípio de solidariedade", ou seja, pela prioridade do trabalho sobre o capital, pela primazia do homem sobre o lucro, isto é, uma nova *governança* equitativa e solidária da economia.

Em conclusão, à luz de uma leitura cristãmente inspirada, não se pode atribuir a responsabilidade da crise só à incapacidade ou à má-fé dos agentes financeiros e dos dirigentes de banco, mas está sob acusação também a lógica da cultura neoliberalista dominante, a qual, sem tensão ética, acaba necessariamente privilegiando as finanças sobre a economia real, a especulação sobre a produção, o lucro sobre o trabalho humano. A verdadeira inimiga do desenvolvimento ordenado é esta mentalidade, que é a verdadeira mãe da especulação.

2. A crise presente como "oportunidade"

Se a análise feita é verdadeira, então, à luz do "princípio de solidariedade" sobre o qual se baseia a DSI, a crise atual pode se tornar uma ocasião preciosa para passar do velho capitalismo, que chegou ao seu término, para a *economia social de mercado*, tão cara ao magistério das encíclicas sociais. Dito de modo mais concreto, para sair da crise e realizar a nova industrialização de que hoje precisamos, não basta mais garantir as formas tradicionais de acumulação de capital, mas se exige um novo esforço do "trabalho" através de formas novas de participação e de relações industriais.

Concretamente, é necessário comprometer-se a reformar de modo equitativo e solidário tanto a empresa como o estado social, que são respectivamente o ponto de partida e o ponto de chegada da economia social de mercado.

A *empresa*, de fato, é por natureza a unidade celular da economia social de mercado. A DSI, baseada no "princípio de solidariedade", sempre esteve convicta, para dizer com o *Compêndio da Doutrina Social da Igreja*,

> de que as relações no interior do mundo do trabalho devem ser caracterizadas pela colaboração: o ódio e a luta para eliminar o outro constituem métodos de todo inaceitáveis, mesmo porque, em todo o sistema social, são indispensáveis para o processo de produção tanto o trabalho quanto o capital.[1]

Isto explica a repetida exortação da DSI a fim de que se iniciem novas formas de participação dos trabalhadores na vida da empresa, construindo um sistema de organizações bilaterais que constitua uma nova rede de proteção subsidiária para os trabalhadores e um elemento para gerir operações sadias de flexibilidade para as empresas.

Na era pós-capitalista, a empresa não pode mais ser o lugar de interesses em conflito, mas, na ótica da globalização, deverá realizar-se como uma verdadeira comunidade de trabalho, que vise conseguir o bem comum de todos os seus membros. Ou seja, além da sua finalidade natural (a criação de bens e valores), a empresa deverá fazer referência a todos aqueles que estão interessados e envolvidos nela: os acionistas (preocupados em maximizar o lucro), mas também os trabalhadores,

---

[1] PONTIFÍCIO CONSELHO JUSTIÇA E PAZ, *Compêndio da Doutrina Social da Igreja*, n. 306.

os clientes, os fornecedores, sem descuidar o aspecto ecológico e a atenção com as gerações futuras (a dita sustentabilidade social e ambiental). Nesta ótica, adquire um significado particular o que Bento XVI afirma na encíclica *Caritas in veritate*: diante do fenômeno do deslocamento das empresas, o papa lamenta que a mentalidade tecnológica induza a considerar que investir seja apenas um fato técnico e não também humano e ético; depois acrescenta:

> Não há motivo para negar que um certo capital possa ser ocasião de bem, se investido no estrangeiro antes que na pátria; mas devem-se ressalvar os vínculos de justiça, tendo em conta também o modo como aquele capital se formou e os danos que causará às pessoas o seu não investimento nos lugares onde o mesmo foi gerado.[2]

Em suma, a difícil crise mundial se torna uma oportunidade para a criação de um novo modelo de política econômica e financeira, inspirado claramente no "princípio de solidariedade".

> É preciso, portanto, encontrar – acentua João Paulo II – um conveniente ponto de equilíbrio entre as exigências da liberdade econômica, que não pode ser injustamente penalizada, e aquela "cultura das regras" que, por um lado, garante os benefícios da leal competição e, por outro lado, protege os direitos do trabalho e, primeiro entre eles, o direito ao trabalho para todos. A busca de tal equilíbrio não é fácil, mas é um desafio ao qual cada componente social não pode subtrair-se.[3]

Ao mesmo tempo, a crise mundial oferece a oportunidade de realizar a necessária *reforma do estado social*. Esta – continua João Paulo II – exige "a valorização das potencialidades locais, bem como a convergência das iniciativas dos diversos sujeitos institucionais – dos órgãos públicos aos econômicos, sociais, culturais – criando as condições de um acordo para o desenvolvimento, que permita utilizar ao máximo os recursos disponíveis no território".[4] Bento XVI escreve:

---

[2] BENTO XVI, Encíclica *Caritas in veritate* (19.06.2009), n. 40.

[3] JOÃO PAULO II, Discurso aos representantes do mundo do trabalho. In: *L'Osservatore Romano* (31.03.1996), n. 6.

[4] Ibidem, n. 7.

[No tempo de Paulo VI] atividade econômica e função política desenrolavam-se em grande parte dentro do mesmo âmbito local e, por conseguinte, podiam inspirar recíproca confiança. A atividade produtiva tinha lugar prevalentemente dentro das fronteiras nacionais e os investimentos financeiros tinham uma circulação bastante limitada para o estrangeiro, de tal modo que a política de muitos Estados podia ainda fixar as prioridades da economia e, de alguma maneira, governar o seu andamento [...]. Atualmente, o Estado encontra-se na situação de ter de enfrentar as limitações que são impostas à sua soberania pelo novo contexto econômico comercial e financeiro internacional, caracterizado nomeadamente por uma crescente mobilidade dos capitais financeiros e dos meios de produção materiais e imateriais.[5]

Por isso hoje um sistema social não pode mais se manter – como uma mesa em dois pés – apenas na relação entre Estado e mercado, entre público e privado. Uma democracia completa, para estar em equilíbrio, exige o terceiro pé da mesa, ou seja, a participação criativa e responsável das forças sociais, como elemento de estímulo e de equilíbrio do novo sistema.

O binômio exclusivo mercado-Estado – acrescenta o papa – corrói a sociabilidade, enquanto as formas econômicas solidárias, que encontram o seu melhor terreno na sociedade civil sem contudo se reduzir a ela, criam sociabilidade. O mercado da gratuidade não existe, tal como não se podem estabelecer por lei comportamentos gratuitos, e todavia tanto o mercado como a política precisam de pessoas abertas ao dom recíproco.[6]

Eis, portanto, por que a crise atual, apesar de tudo, pode transformar-se numa oportunidade para uma governança equitativa e solidária da economia. Não é certamente por acaso que Bento XVI quis voltar mais de uma vez sobre este ponto, ao se dirigir a todos, também diretamente aos dirigentes sindicais, para desejar que "da

---

[5] BENTO XVI, Encíclica *Caritas in veritate* (29.06.2009), n. 24.

[6] Ibidem, n. 39.

atual crise mundial brote a vontade comum de dar vida a uma nova cultura da solidariedade e da participação responsável, indispensáveis para construir o futuro do nosso planeta".[7] Mais uma confirmação de quanto a DSI insiste sobre a atualidade e sobre a validade do "princípio de solidariedade".

---

[7] BENTO XVI, Discurso aos dirigentes CISL no 60º aniversário da Confederação (31.01.2009). In: *L'Osservatore Romano* (01.02.2009).

Capítulo IV

O princípio do bem comum

Como falar de "bem comum" no clima atual refratário a qualquer discurso que ponha no centro a atenção ao outro e a prioridade dos interesses gerais sobre os interesses pessoais?

Na situação atual, tem ainda sentido falar de "bem comum"? Na contracorrente, a DSI voltou ao assunto com a encíclica *Caritas in veritate*, com a qual Bento XVI vai à raiz do problema. O papa, (1) antes de tudo, identifica a causa principal da crise do próprio conceito de bem comum na "ideologia tecnocrática"; (2) em segundo lugar, mostra que hoje ainda é possível e necessário reiniciar o discurso sobre o "bem comum", baseando-o nos princípios da legalidade e da ética e abrindo-o à dimensão transcendente da consciência religiosa.

1. Julgamento crítico sobre a "ideologia tecnocrática"

Já dissemos que o vazio deixado pelo fim das ideologias clássicas foi ocupado por uma nova ideologia, "libertária" e "tecnocrática", que se tornou uma espécie de "pensamento único" dominante. Esta nova "ideologia tecnocrática" (como Bento XVI a chama) alimenta o individualismo e o egoísmo dos nossos dias e se opõe radicalmente ao próprio conceito de "bem comum".

De fato, a ideologia tecnocrática subestima o fato de que a sociedade humana é uma comunidade de pessoas, ou seja, de seres-em-relação entre eles, e a considera antes um rebanho de indivíduos anônimos um ao lado do outro, cada um dos quais pensa antes de tudo em si mesmo. Por conseguinte, o juízo ético permanece subordinado à eficiência, à inovação tecnológica e ao consenso social, sem qualquer referência aos valores radicados na pessoa humana, na sua consciência moral e religiosa.

A consequência mais notável é o declínio, ou seja, a passagem de uma política inspirada nos valores ideais e éticos para a atual "política do fazer". Mas – avisa a *Caritas in veritate* – "o verdadeiro desenvolvimento não consiste primariamente no fazer; a chave do desenvolvimento é uma inteligência capaz de pensar a técnica e de individualizar o sentido plenamente humano do agir do homem, no horizonte de sentido da pessoa vista na globalidade do seu ser".[1]

O vício de fundo da "ideologia tecnocrática" dominante está no seu intrínseco materialismo utilitarista, ou seja, em achar que tem valor só o que é "eficaz", que vale mais o que obtém os resultados melhores e "rende" mais em termos de produtividade e de desenvolvimento econômico. E isto contribui para reforçar a tentação de fazer política prescindindo da dimensão ética e religiosa do homem. Por que continuar a repetir que a dignidade da pessoa baseia-se no fato transcendente de que o homem é "imagem e semelhança de Deus", quando a técnica hoje permite que eu o clone em laboratório à imagem e semelhança minha?

Aqui está a raiz do atual clima cultural e social, desfavorável e refratário ao discurso sobre o "bem comum". O princípio do "bem comum" – afirma, por sua vez, a DSI – mantém toda a sua validade; mas é refundado partindo da reafirmação dos pilares sobre os quais ele se apoia: a legalidade e a ética, e abrindo-o à dimensão transcendente da consciência religiosa.

---

[1] BENTO XVI, Encíclica *Caritas in veritate* (29.06.2009), n. 70. E Bento XVI conclui: "Sem Deus, o homem não sabe para onde ir e não consegue sequer compreender quem é" (n. 78).

2. Para uma refundação do princípio do "bem comum"

Precisamos, antes de tudo, de nos entendermos sobre os termos. Por "bem comum" se entende "o conjunto das condições da vida social que permitem, tanto aos grupos como a cada membro, alcançar mais plena e facilmente a própria perfeição".[2] É a definição que o Concílio Vaticano II dá do bem comum, hoje amplamente compartilhada. Por sua vez, o *Compêndio da Doutrina Social da Igreja* especifica: "O bem comum não consiste na simples soma dos bens particulares de cada sujeito do corpo social. Sendo de todos e de cada um, é e permanece comum, porque indivisível e porque somente juntos é possível alcançá-lo, aumentá-lo e conservá-lo, também em vista do futuro".[3] Portanto, o bem comum não consiste numa definição filosófica abstrata, mas é perseguido concretamente o ajustando às reais situações históricas em que se atua.[4]

Ele se apoia no fato incontestável de que a pessoa humana é essencialmente um ser-em-relação. Quer dizer, para se realizar como tal, a pessoa precisa de viver em relação com o outro, numa sociedade de iguais, onde todos os cidadãos desfrutam de "igual dignidade social", assim como de "igual dignidade pessoal". Esta é uma exigência primordial.

O "bem comum", portanto, é um princípio fundamental. "Não é isolando-se que o homem valoriza a si mesmo, mas relacionando-se com os outros e com Deus. [...] Isto vale também para os povos."[5] Noutras palavras, o "bem comum" está na aceitação livre e responsável da exigência relacional interpessoal e social. Por isso – conclui Bento XVI – "O *desenvolvimento humano integral* [sinônimo de 'bem comum'] *supõe a liberdade responsável* da pessoa e dos povos: nenhuma estrutura pode garantir [sozinha] tal desenvolvimento, prescindindo e sobrepondo-se

---

[2] *Gaudium et spes*, n. 26.

[3] PONTIFÍCIO CONSELHO JUSTIÇA E PAZ, *Compêndio da Doutrina Social da Igreja* (2004), n. 164.

[4] Cf. C. M. MARTINI, Il seme, il lievito, il piccolo gregge, discorso di sant'Abrogio, 1998. *Aggiornamenti Sociali* 2 (1999), p. 164.

[5] BENTO XVI, Encíclica *Caritas in veritate* (29.06.2009), n. 53.

à responsabilidade humana".[6] Noutras palavras, não há "bem comum" sem desenvolvimento integral e não há desenvolvimento integral sem o reconhecimento da dignidade da pessoa humana, da sua liberdade e responsabilidade dentro da experiência vivida da socialidade.

Nesta ótica adquirem importância os pilares sobre os quais se baseia o princípio do "bem comum" – a legalidade e a ética –, abertos à relação transcendente da consciência religiosa.

a) A legalidade

Legalidade significa aceitar e observar as regras de comportamento que estão na base de toda convivência civil. Por isso, legalidade diz "sentido do Estado", consciência dos próprios deveres e da própria responsabilidade. Não é uma tarefa reservada apenas aos responsáveis pela coisa pública, mas um dever preciso de todos os cidadãos:

> Se faltarem regras de convivência claras e legítimas, ou se elas não forem aplicadas, a força tende a prevalecer sobre a justiça, o arbítrio sobre o direito, com a consequência de que a liberdade é posta em risco, chegando a desaparecer. A "legalidade", ou seja, o respeito e a prática das leis, constitui, pois, uma condição fundamental para que haja liberdade, justiça e paz entre os homens.[7]

A observância formal das regras [a legalidade] é necessária, porém sozinha não basta para construir a *pólis* à medida do homem. É preciso que a observância das regras seja animada e sustentada pela ética. Isto aparece de modo evidente na crise atual.

Não há, de fato, dúvida de que a ideologia tecnocrática favorece o egoísmo e a falta de solidariedade, a fragmentação social, com a consequência de aumentar a distância entre ricos e pobres e criar novas formas de colonialismo cultural. O perigo é que a lógica do mercado imponha a todos o seu modo de pensar e sufoque toda inspiração ética. Daí a importância de que a legalidade não se esgote na mera observância

---

[6] Ibidem, n. 17.

[7] COMMISSIONE ECCLESIALE "GIUSTIZIA E PACE" DELLA CEI [Conferência Episcopal Italiana], *Nota pastorale Educare alla legalità* (04.10.1991), n. 2.

formal das regras, mas seja sustentada e animada pela atenção ao outro, pela consciência ética.

Isto é particularmente necessário nos atuais processos de globalização, nos quais é preciso que a legalidade seja orientada ao "bem comum", se se quer evitar que nasçam novas escravidões, piores do que as antigas, e que os pobres sejam espoliados do que têm de mais precioso, ou seja, da sua cultura e da sua liberdade. A observância livre e responsável de regras comuns por parte de toda a comunidade mundial abre perspectivas novas e extraordinárias para o crescimento da humanidade que se globaliza, não só no plano econômico, mas também no plano social e cultural: conduzirá a uma maior compreensão entre os povos, à paz, ao desenvolvimento, à promoção dos direitos humanos.

Dito com outras palavras, as regras políticas, econômicas e institucionais (cuja importância ninguém nega) sozinhas não bastam, se faltar a atenção ao componente humano e humanizante, se a legalidade estiver privada de espírito solidário, não orientada eticamente ao "bem comum". Prova disto é a persistência de graves situações de subdesenvolvimento no mundo, não obstante todas as Cartas internacionais sobre os direitos humanos. Pensemos, por exemplo, nos recentes graves danos causados pela atividade financeira mal utilizada, de modo prevalentemente especulativo, no drama humano dos fluxos migratórios abandonados a si mesmos, na exploração desregulada dos recursos da Terra, nos gastos produzidos pela corrupção e pela ilegalidade em nível nacional e internacional. Portanto, o bem comum exige que a legalidade e a ética se encontrem.

b) A ética

O fundamento de todo discurso ético é a dignidade da pessoa humana. Trata-se de uma dignidade transcendente – explica Bento XVI –, porque se baseia na verdade incontroversa de que a vida humana é recebida, é um "dom". Ninguém pode tê-la por si. Cada pessoa é um "chamado à vida", um projeto de Deus, uma "vocação", a acolher com gratidão e realizar livre e responsavelmente. A dimensão social está radicada na própria dignidade da pessoa, enquanto a pessoa é essencialmente um ser-em-relação.

A crise de hoje é devida ao enfraquecimento contemporâneo do senso da dignidade da pessoa e do espírito de solidariedade responsável dos cidadãos, causado sobretudo pela difusão da cultura individualista e libertária.

O efeito mais clamoroso é a crise da melhor forma de democracia – a "democracia representativa" –, que permitiu que os países europeus ressurgissem dos escombros materiais e morais depois da Segunda Guerra Mundial. De fato, a cultura dominante acabou corroendo os pilares sobre os quais se apoia a democracia representativa: a pessoa, de ser-em-relação, foi reduzida a indivíduo; a solidariedade foi reduzida a mero formalismo legal; a subsidiariedade, ou seja, a participação livre e responsável dos cidadãos no "bem comum", foi substituída por uma espécie de "autoritarismo democrático".

Ora, toda vez que são colocados em discussão um e outro desses valores mestres (mesmo se isso acontecesse com o consenso da "maioria"), corrói-se a ordem democrática nos seus fundamentos. Há então o perigo de que a democracia, sem a alma ética, paradoxalmente abra o caminho para formas de totalitarismo mascarado, para uma absurda "democracia totalitária". É o risco que nós hoje corremos. Quando uma democracia perde a alma ética, corrompe-se e morre.

Sobretudo – insiste Bento XVI –, é necessário que se tenha presente a estreita conexão que existe entre ética pessoal e ética social. Quando a ética pessoal se separa da social, ocorrem fenômenos de degradação como os que hoje afligem a política, as finanças e a economia: "O desenvolvimento é impossível sem homens retos, sem operadores econômicos e homens políticos que sintam intensamente em suas consciências o apelo do bem comum. São necessárias tanto a preparação profissional como a coerência moral".[8] Com este julgamento do papa contrasta o julgamento dos que (inclusive alguns prelados) distinguem entre moralidade privada e pública, considerando suficiente que a ação pública não contradiga formalmente os valores caros à Igreja e prescindindo de toda outra consideração sobre a conduta privada, não importa se coerente ou depravada.

---

[8] BENTO XVI, Encíclica *Caritas in veritate* (29.06.2009), n. 71.

c) A dimensão transcendente da consciência religiosa

Reafirmando que a ética pública e privada não podem andar separadas, a DSI insiste sobre a necessidade que a ética se abra à dimensão transcendente da religião. "A razão, por si só – escreve Bento XVI –, é capaz de ver a igualdade entre os homens e estabelecer uma convivência cívica entre eles, mas não consegue fundar a fraternidade" (ibidem, n. 19). Para isto é necessário que a ética esteja fundada sobre a consciência religiosa.

Sobre esta necessidade concorda hoje também a cultura leiga. Uma das grandes convicções do Iluminismo foi a de que a democracia liberal seria autoalimentada autônoma e espontaneamente, sem necessidade de ajuda externa. Essa convicção, porém, falhou. A democracia – reconhece N. Bobbio – demonstrou que não está em condições de saber alimentar-se espontaneamente, de ser autossuficiente.[9] Também Jürgen Habermas – retomando o "teorema" de Ernst-Wolfgang Böckenförde, segundo o qual o Estado não pode gerar por si as condições para a sua existência, mas precisa de pressupostos externos – chega a sustentar que é necessária a religião para recivilizar a modernidade: a religião, traduzida politicamente em linguagem leiga, pode ajudar a sociedade europeia a conservar os seus recursos morais.[10] Com efeito, a democracia é um instrumento, um método; não pode ser autossuficiente, não tem em si as raízes com as quais alimentar-se. Portanto, o problema mais urgente para sair da presente crise é ajudar a democracia a encontrar a sua fundação ética, a qual, porém – como já explicava B. Croce, o patriarca da cultura liberal –, apoia-se necessariamente no senso religioso.[11] É preciso, no entanto, evitar o perigo da "religião civil", ou seja, reduzir a fé religiosa a sustentáculo da política e à utilidade que ela pode ter para a manutenção da ordem pública.

Emblemática, a propósito, é a consonância de Nicolas Sarkozy, ex--presidente da laicíssima França:

---

[9] N. BOBBIO, *Il futuro della democrazia*. Torino: Einaudi, 1984.

[10] Cf. J. RATZINGER; J. HABERMAS, *Ragione e fede in dialogo*. Venezia: Marsilio, 2005.

[11] Cf. B. CROCE, *Cultura e vita morale*, cap. XXII: "Fede e programmi". Bari: Laterza, 1955, p. 161.166.

É legítimo para a democracia e respeitoso da laicidade – disse ao receber o papa Ratzinger em Paris em setembro de 2008 – dialogar com as religiões. Estas, e em particular a religião cristã, com a qual compartilhamos uma longa história, são patrimônio de reflexão e de pensamento não só sobre Deus, mas também sobre o homem, sobre a sociedade e até sobre aquela preocupação, hoje central, que é a natureza e a tutela do ambiente. Seria uma loucura privar-nos disso, seria simplesmente um erro contra a natureza e contra o pensamento. É por isso que faço apelo, mais uma vez, a uma laicidade positiva. Uma laicidade que respeite, uma laicidade que reúna, uma laicidade que dialogue. E não uma laicidade que exclua e que denuncie. Nesta época em que a dúvida e a retirada sobre si mesmo põem as nossas democracias diante do desafio de responder aos problemas do nosso tempo, a laicidade positiva oferece às nossas consciências a possibilidade de trocar opiniões, para além das crenças e dos ritos, sobre o sentido que nós queremos dar à nossa existência. A busca de sentido.

O que fazer na prática? A resposta está no diálogo e na necessária colaboração entre a razão e a fé religiosa:

> *A razão tem sempre necessidade de ser purificada pela fé*; e isto vale também para a razão política, que não se deve crer omnipotente. *A religião*, por sua vez, *precisa sempre de ser purificada pela razão*, para mostrar o seu autêntico rosto humano. A ruptura deste diálogo implica um custo muito gravoso para o desenvolvimento da humanidade.[12]

Concluindo, "A Igreja não tem soluções técnicas para oferecer e não pretende 'de modo algum imiscuir-se na política dos Estados'; mas tem uma missão ao serviço da verdade para cumprir, em todo o tempo e contingência, a favor de uma sociedade à medida do homem, da sua dignidade, da sua vocação".[13] A contribuição específica da Igreja com a sua DS para a refundação do "bem comum" consiste hoje, sobretudo, na promoção de um humanismo transcendente, que evite que a humanidade globalizada do século XXI caia "numa visão empirista e cética da vida, incapaz de se elevar acima da ação".[14]

---

[12] BENTO XVI, Encíclica *Caritas in veritate* (29.06.2009), n. 56.

[13] Ibidem, n. 9.

[14] Ibidem.

PARTE TERCEIRA
Critérios de julgamento

Os "critérios de julgamento" constituem a parte mais relevante da DSI. Eles dizem respeito a um vasto leque de problemas sociais, de modo concreto:

> [...] o valor da pessoa humana, da sua liberdade e da própria vida corpórea; o valor da família, da sua unidade e estabilidade, da procriação e da educação dos filhos; o valor da sociedade civil, com as suas leis e as várias profissões; o valor do trabalho e do descanso, das artes e da técnica; o valor da pobreza e da riqueza; como se hão de resolver os problemas gravíssimos da posse, do aumento e da justa distribuição dos bens materiais, da paz e da guerra, e da convivência fraterna de todos os povos.[1]

A DSI, portanto, contém um conjunto completo de ensinamentos que alguns manuais – a começar pelo *Compêndio da Doutrina Social da Igreja*, editado pelo Pontifício Conselho Justiça e Paz em 2004 – expõem de forma sistemática, sob a forma de uma *Summa* doutrinal orgânica e completa. Uma espécie de "enciclopédia social".

Muitos estudiosos hoje preferem falar de "ensinamentos sociais" (no plural) ou de "discurso social" da Igreja, para sublinhar a natureza dinâmica e evolutiva do magistério social, como, aliás, se diz na *Nota 1* da constituição pastoral *Gaudium et spes*, na qual se sublinha que "a matéria [acerca da relação Igreja-mundo], tratada à luz dos princípios doutrinais, não compreende apenas elementos imutáveis, mas também transitórios".

Não podendo, obviamente, encarar aqui toda a vasta gama de argumentos tratados pelo magistério social, devemos limitar-nos a sublinhar apenas alguns critérios de julgamento contidos na DSI, respeitantes àqueles temas de fundo que, apesar de tudo, são e permanecem essenciais para uma ordenada convivência humana e social; eles dizem respeito, em particular, à democracia, à economia, ao estado e à família.

---

[1] *Christus Dominus*, n. 12.

Capítulo V

A democracia

A "democracia representativa" é certamente a forma mais alta de democracia. Na Itália, nós a instalamos depois da queda do fascismo, e produziu muitos bons frutos, fazendo com que o nosso país não só ressurgisse dos escombros da guerra, mas se tornasse uma das primeiras nações do mundo.

Hoje, esse sistema democrático que instalamos está em crise. Os cidadãos não confiam mais nos partidos e nas instituições democráticas; duvidam que estejam em condições de proteger a sua segurança, de garantir o bem-estar de todas as camadas sociais, de libertar os territórios dos países dominados pelas máfias, de assegurar a rapidez da justiça e a certeza da pena, de oferecer serviços sociais que funcionem, de elaborar normas fiscais equitativas.

A democracia representativa está em crise porque, depois do fim das ideologias dos séculos XIX e XX, a política perdeu hoje a sua tensão ideal e a sua inspiração ética. Privada de tensão ideal, ela se transformou em mero pragmatismo e, consequentemente, a representação democrática tornou-se fragmentada e conflitiva, incapaz de realizar, como deveria, a unidade no respeito pela pluralidade. De instrumento, o poder se transformou em fim: não se busca o poder para fazer política, mas se faz política para ter o poder. Numa palavra, a política perdeu a alma; e quando uma realidade vivente perde a alma, corrompe-se. A corrupção da política está sob os olhos de todos!

Ora, toda vez que a política entra em crise, desenvolvem-se inevitavelmente duas graves patologias, que podem se tornar mortais para a própria democracia.

A primeira patologia é a "antipolítica". Ela se difunde sobretudo entre os cidadãos (os eleitores) e se manifesta principalmente no desinteresse, no absenteísmo, até à rejeição da classe dirigente e do próprio sistema democrático: "Todos para fora! Vão para casa!".

A segunda patologia é o "populismo". Atinge sobretudo quem governa e exerce o poder. Manifesta-se como tendência a privilegiar a relação direta com o povo e com a rua (quiçá através da *web*!), relegando para segundo plano as mediações institucionais e as regras da democracia representativa, com consequências nefastas.

A esta altura, coloca-se necessariamente a pergunta: é possível resolver a grave crise em que hoje está a democracia representativa?

Para encontrar uma resposta motivada à luz da DSI, veremos: (1) qual foi a posição da Igreja outrora em relação à democracia; (2) qual é a posição da Igreja hoje diante de sua crise; (3) o que a Igreja propõe para superar a presente crise e realizar a democracia madura, deliberativa e participativa.

1. Ontem: a Igreja e a democracia

A relação entre a Igreja e a "democracia" foi, por muito tempo, atormentada e difícil. É um fato que, desde os inícios, a Igreja teve muitas reservas a respeito. Causava dificuldade, sobretudo, o princípio de que a vontade popular, quando se exprime de forma numericamente majoritária, deve ter valor de lei para todos; o fato é que uma "força material" (de natureza quantitativa) pode tornar-se fundamento do direito e da justiça, em nome do conceito de "soberania popular" absoluta (teorizada por Rousseau), prescindindo de qualquer referência a uma norma ética transcendente. Segundo a Doutrina católica, o povo é "soberano" apenas enquanto é "depositário" do poder, o qual pode, portanto, delegar aos seus representantes; mas o povo não é a fonte primária e absoluta, o criador do direito e da justiça. A sociedade, certamente, vem antes do Estado, e a pessoa vem antes da sociedade; mas antes do Estado, antes da sociedade e antes da pessoa vem Deus.

Leão XIII foi o primeiro a abrir uma fresta em relação ao sistema democrático moderno, mas não se levou isso muito avante. De fato, ele se limitou a esclarecer que a Igreja rejeitava a concepção iluminista da soberania popular, mas não o regime democrático em si. Ficou famosa uma afirmação sua, que então pareceu inovadora:

> Não é proibido preferir uma forma de governo moderada pelo elemento democrático, salva sempre a doutrina católica acerca da origem e do exercício do poder político. A Igreja não condena nenhuma forma de governo, contanto que seja apta por si mesma para procurar o bem dos cidadãos.[2]

A mesma razão de fundo explica a desconfiança (se não verdadeira aversão) demonstrada pelo papa para com a expressão "democracia cristã".[3]

Seria preciso esperar Pio XII para que a Igreja aceitasse com serenidade o sistema democrático, sem, contudo, assumir a tese de que a democracia seja a forma política ideal.[4]

Depois de Pio XII, a aceitação da democracia não causa mais nenhuma dificuldade. No entanto, quando os documentos do magistério falam dela, preocupam-se em chamar a atenção mais sobre a substância da democracia do que sobre os seus aspectos formais. Até ao Concílio Vaticano II, embora aprovando e elogiando abertamente o sistema democrático, nunca usa o termo "democracia", mas prefere dar dela uma definição descritiva: a Igreja – lê-se na *Gaudium et spes* – "não está ligada a nenhum sistema político", porque ela é "sinal e salvaguarda da transcendência da pessoa humana".[5] Por esta razão – prossegue –, por um lado, ela condena as formas de regime político que impedem as liberdades e os direitos fundamentais do homem; por outro lado, porém, elogia "o modo de agir das nações em que a maior parte dos cidadãos participa, com verdadeira liberdade, nos assuntos públicos".[6] Reconhece, portanto, que

---

[2] LEÃO XIII, *Libertas* (1888), n. 32 (ver Denziger-Hünermann, n. 3254).

[3] Cf. LEÃO XIII, *Graves de communi* (1901).

[4] Cf. Cristianesimo e democrazia, in: *La Civiltà Cattolica* (I/1988), p. 3-16.

[5] *Gaudium et spes*, n. 76.

[6] Ibidem, n. 31.

a consciência mais sentida da dignidade humana dá origem em diversas regiões do mundo ao desejo de instaurar uma ordem político-jurídica em que os direitos da pessoa na vida pública sejam mais assegurados, tais como os direitos de livre reunião e associação, de expressão das próprias opiniões e de profissão privada e pública da religião. A salvaguarda dos direitos da pessoa é, com efeito, uma condição necessária para que os cidadãos, quer individualmente, quer em grupo, possam participar ativamente na vida e na gestão da coisa pública.[7]

Um passo à frente decisivo foi dado pelo Concílio no assunto da democracia, com a plena aceitação da laicidade. De fato, o Vaticano II reconheceu que a laicidade é um valor cristão. As realidades temporais – explica a constituição *Gaudium et spes* – têm um valor intrínseco, têm finalidades, leis e instrumentos próprios, que não dependem da revelação sobrenatural: "Em virtude do próprio fato da criação, todas as coisas são dotadas de consistência, verdade, bondade e leis próprias, que o homem deve respeitar, reconhecendo os métodos peculiares da cada ciência ou arte".[8] Para a Igreja, portanto, a laicidade não é um acidente histórico, mas verdadeiramente um fundamento teológico.

A história e a Igreja, portanto, têm caminhado juntas. Na segunda metade do século XX, a ciência, por parte da cultura leiga da importância da consciência religiosa na construção da democracia e na luta pela justiça e a paz, andou lado a lado com o abandono por parte da Igreja dos velhos esquemas apologéticos e o reconhecimento de que a democracia leiga é o melhor sistema de governo.

Paulo VI vai além e exorta os cristãos a não se contentarem com uma forma qualquer de democracia, mas a se empenharem em realizar (na medida do possível) um modelo de sociedade democrática madura.

> A dupla aspiração à igualdade e à participação – escreve ele na *Octogesima adveniens* – procura promover um tipo de sociedade democrática. Diversos modelos foram propostos e alguns deles ensaiados; nenhum deles, porém, proporciona completa satisfação; e, por isso, a

---

[7] Ibidem, n. 73.

[8] *Gaudium et spes*, n. 36.

busca permanece aberta. [...] O cristão – conclui o papa – tem o dever de participar também ele nesta busca diligente, na organização e na vida da sociedade política.[9]

Por sua vez, João Paulo II, com a encíclica *Centesimus annus*, acentua de forma definitiva a aprovação plena do sistema democrático e explica por que:

> A Igreja – diz o papa – encara com simpatia o sistema da democracia, enquanto assegura a participação dos cidadãos nas opções políticas e garante aos governados a possibilidade quer de escolher e controlar os próprios governantes, quer de os substituir pacificamente, quando tal se torne oportuno.[10]

Portanto, indica em que consiste a democracia madura:

> Uma autêntica democracia só é possível num Estado de direito e sobre a base de uma reta concepção da pessoa humana. Ela exige que se verifiquem as condições necessárias à promoção quer dos indivíduos através da educação e da formação nos verdadeiros ideais, quer da "subjetividade" da sociedade, mediante a criação de estruturas de participação e corresponsabilidade.[11]

Bento XVI, enfim, explica o modo próprio como a Igreja pode e deve contribuir para o desenvolvimento da democracia. Escreve na encíclica *Deus caritas est* (2005):

> A Igreja não pode nem deve tomar nas suas próprias mãos a batalha política para realizar a sociedade mais justa possível. Não pode nem deve colocar-se no lugar do Estado. Mas também não pode nem deve ficar à margem na luta pela justiça. Deve inserir-se nela pela via da argumentação racional e deve despertar as forças espirituais, sem as quais a justiça, que sempre requer renúncias também, não poderá afirmar-se nem prosperar. A sociedade justa não pode ser obra da Igreja;

---

[9] PAULO VI, Carta apostólica *Octogesima adveniens* (14.05.1971), n. 24.
[10] JOÃO PAULO II, Encíclica *Centesimus annus* (01.05.1991), n. 46.
[11] Ibidem.

deve ser realizada pela política. Mas toca à Igreja, e profundamente, empenhar-se pela justiça trabalhando para a abertura da inteligência e da vontade às exigências do bem.[12]

2. Hoje: a Igreja e a crise da democracia

Se formos à origem da crise atual da democracia, veremos que os nós a desatar são, sobretudo, dois: a concepção de liberdade sobre a qual se funda o "estado de direito" e a concepção de solidariedade sobre a qual se fundam tanto a "subjetividade" da sociedade como a sua ação "subsidiária", a qual implica – através dos corpos intermédios – a participação ativa e responsável de todos os cidadãos.

São dois os grandes temas de fundo dos quais partir para superar os resíduos ideológicos que ainda impedem a superação da crise atual da democracia representativa e a passagem para uma democracia madura, deliberativa e participativa. Liberdade e solidariedade são os pontos fundamentais sobre os quais se confrontam e se chocam os dois diferentes modelos democráticos existentes: o neoliberal (de direita) e o reformista (de esquerda). Em que se distinguem? Qual a posição da Igreja ante eles?

A) O *neoliberalismo* herdou do liberalismo clássico o conceito de "liberdade" como possibilidade de escolher e de fazer o que se quer, com o único limite do respeito da liberdade do outro. "Liberdade", portanto, seria sinônimo de tolerância e de permissividade. As diversas opiniões políticas, culturais, morais e religiosas hão de ser consideradas todas igualmente legítimas. O Estado não pode escolher uma delas e obrigar a segui-la, mas a cada cidadão é deixada plena liberdade de inspirar-se na opinião que mais lhe agrada. Só o respeito por esse relativismo ético – diz-se – evitará que se caia na intolerância e no autoritarismo. Por exemplo, se o Estado não pode impor o aborto a uma mulher, tampouco pode impedi-lo; se não pode obrigar ninguém a se matar, tampouco pode impedir a eutanásia; se não pode impor a procriação artificial, tampouco pode vetá-la.

---

[12] BENTO XVI, *Deus caritas est* (25.12.2005), n. 28a.

Esta concepção permissiva de liberdade admite um único limite: o respeito do direito do outro. E há um único princípio de autoridade e de verdade: a vontade da maioria, entendida como soma das vontades individuais. Portanto, a lei pode apenas refletir a opinião, o costume e a vontade da maioria.

Além do direito do outro e da vontade da maioria não haveria outro limite nem presumida verdade ou norma ética transcendente que impeçam a livre autodeterminação do indivíduo. Sobre esta "filosofia" de cunho individualista radical se apoia a prática política do neoliberalismo. A maioria pode decidir e fazer o que quiser.

Quanto ao modo de entender a "solidariedade", ou seja, a relação entre indivíduo e sociedade, é preciso dizer que, em princípio, todos concordam sobre o fato de que a legalidade é o fundamento do estado de direito:

> Se faltarem regras de convivência claras e legítimas, ou se estas não forem aplicadas, a força tende a prevalecer sobre a justiça, o arbítrio sobre o direito, com a consequência de que a liberdade é posta em risco até desaparecer. A "legalidade", ou seja, o respeito pela prática das leis, constitui por isso uma condição fundamental para que haja liberdade, justiça e paz entre os homens.[13]

Dito isto, o limite da cultura política neoliberalista está em considerar que a legalidade consiste essencialmente na mera observância formal das regras. Ou seja, subestima-se o fato de que a legalidade não é apenas uma questão de comportamento individual, mas é, por sua natureza, intrinsecamente social e solidária. Por isso, a observância formal das regras, embora seja necessária, por si só não basta.

Para extirpar a ilegalidade pela raiz não basta a via judiciária, mas é preciso uma mudança de mentalidade e de cultura. A legalidade começa por nós mesmos, pela nossa vida privada:

> Assim, posicionar-se contra a máfia se torna uma opção definitiva se não termina nas passeatas, mas continua com o abandono pessoal

---

[13] COMMISSIONE ECCLESIALE "GIUSTIZIA E PACE" DELLA CEI, *Nota pastorale Educare alla legalità* (04.10.1991), n. 2.

do costume dos favores. Assim, limpar a política da lama da corrupção não coincide com a punição dos culpados, mas em acabar com o culto do poder e do dinheiro desonesto, acabar com as ocasiões, consiste em promover uma cultura que junte política e ética. Assim, a economia não pode ser recuperada se, uma vez repudiado o injusto e insensato desperdício, cada um continuasse a buscar para si os nichos do privilégio.[14]

B) O *reformismo* é o outro modo de entender a democracia, à medida que a compreensão reformista da liberdade e da solidariedade não coincide, em muitos aspectos, com a compreensão neoliberal.

De fato, pelo que diz respeito à liberdade e aos direitos individuais, o reformismo considera que o Estado não cria os valores nem os decide; eles não dependem de maiorias provisórias e mutáveis, mas vêm antes da livre organização da sociedade; os valores estão inscritos na consciência de cada homem e, enquanto tais, são ponto de referência normativa para a própria lei civil. É obrigação do Estado protegê-los e coordená-los tendo em vista o bem comum.

A referência é àqueles valores, recebidos por todas as constituições modernas, sobre os quais se constrói e se apoia a estrutura democrática do Estado: a primazia da pessoa com os seus direitos invioláveis, a dignidade do trabalho, a família fundada sobre o matrimônio, o direito dos pais a instruir e educar os filhos, a subsidiariedade responsável das autonomias locais e dos corpos intermédios no respeito pela unidade nacional, a liberdade religiosa.

Toda vez que se coloca em discussão um desses valores (mesmo que isso acontecesse com o consenso da maioria), se ataca o ordenamento democrático em seu fundamento. Então a democracia se reduz a um conjunto de regras puramente formais, a um mecanismo para harmonizar de modo empírico os diversos interesses.

A cultura política reformista, em segundo lugar, tem uma concepção diferente da solidariedade responsável, ou seja, da relação entre indivíduo e sociedade. Certamente, a vontade da maioria deve prevalecer

---

[14] COMMISSIONE ECCLESIALE "GIUSTIZIA E PACE" DELLA CEI, *Nota Legalità, giustizia e moralità* (20.12.1993), n. 2.

sobre os interesses particulares, mas a busca do bem comum não pode prescindir do diálogo e da participação responsável das minorias.

De fato, a sociedade humana é uma comunidade de pessoas que estão em relação, não é – como gostaria o liberalismo – um rebanho de indivíduos anônimos um ao lado do outro, cada um deles pensando só em si mesmo. A liberdade individual tem sempre uma dimensão social. Em particular – em virtude do princípio de solidariedade responsável ou "subsidiariedade" – é importante que não seja tirado dos indivíduos o que eles podem realizar com as próprias forças; nem a instância superior deverá colocar-se no lugar da inferior nas tarefas que ele pode desempenhar: "Os governantes tenham o cuidado de não impedir as associações familiares, sociais ou culturais e os corpos ou organismos intermédios, nem os privem da sua atividade legítima e eficaz; pelo contrário, procurem de bom grado promovê-los ordenadamente".[15]

C) *E a Igreja?* A DSI se coloca nos antípodas da concepção neoliberalista da relação entre democracia e liberdade, entre democracia e solidariedade. De modo particular, João Paulo II voltou mais vezes ao assunto.[16]

Depois de ter rotulado como danosa e perigosa a "aliança entre democracia e relativismo ético",[17] ele afirma:

> Se não existe nenhuma verdade última que guie e oriente a ação política, então as ideias e as convicções podem ser facilmente instrumentalizadas para fins de poder. Uma democracia sem valores converte-se facilmente num totalitarismo aberto ou dissimulado, como a história demonstra.[18]

É verdade – prossegue o papa – que historicamente foram cometidos muitos crimes em nome da "verdade" (e hoje também a Igreja admite as suas responsabilidades e pede perdão por isso); mas é igualmente certo

---

[15] *Gaudium et spes*, n. 75.

[16] Cf. JOÃO PAULO II, Encíclica *Evangelium vitae* (25.03.1995) em particular os números 68-74.

[17] JOÃO PAULO II, Encíclica *Veritatis splendor* (06.08.1993), n. 101.

[18] JOÃO PAULO II, Encíclica *Centesimus annus* (01.05.1991), n. 46.

que delitos e negações de liberdade são cometidos hoje em nome do relativismo ético. De democracia pode-se também morrer.

> Quando uma maioria parlamentar ou social decreta a legitimidade da eliminação, mesmo sob certas condições, da vida humana ainda não nascida, porventura não assume uma decisão "tirânica" contra o ser humano mais débil e indefeso? Justamente reage a consciência universal diante dos crimes contra a humanidade, de que o nosso século viveu tão tristes experiências. Porventura deixariam de ser crimes, se, em vez de terem sido cometidos por tiranos sem escrúpulos, fossem legitimados por consenso popular?[19]

Portanto, a Igreja hoje, por um lado, reconhece que a democracia é a melhor forma possível de governo; por outro lado, porém, insiste no fato de que o fim da democracia é o homem com a sua dignidade e com as suas liberdades pessoais e sociais. O sistema democrático é apenas um instrumento e, como tal, recebe a sua moralidade do fim ao qual serve. Consequentemente, a democracia alcançará o seu fim (que é o de garantir igual dignidade e liberdade a todos), à medida que encarnar e promover os autênticos valores humanos, pessoais e sociais. De outro modo, a democracia pode transformar-se paradoxalmente em instrumento de opressão, em totalitarismo disfarçado.

Deve-se dizer, portanto, que a DSI está mais próxima das posições do reformismo. Realmente, ela insiste no fato de que todo comportamento pessoal tem sempre uma repercussão social, no bem e no mal. E isto explica "a predileção congênita da Doutrina Social da Igreja mais pelos valores sociais do que pelos valores individualistas libertários, ou seja, pelos valores que permitem as relações, não por aqueles que concedem ao indivíduo uma liberdade o máximo possível extensa, mas sem responsabilidade".[20]

A observância das regras, portanto, é sustentada e integrada por uma solidariedade responsável; repetimos: "todos somos verdadeiramente responsáveis por todos".[21] Isto não quer dizer que seja fácil

---

[19] JOÃO PAULO II, Encíclica *Evangelium vitae* (25.03.1995), n. 70.

[20] C. M. MARTINI, *Paure e speranze di una città*, discorso al Comune di Milano (28.06.2002), n. 6.

[21] JOÃO PAULO II, Encíclica *Sollicitudo rei socialis* (30.12.1987), n. 38.

conjugar solidariedade e responsabilidade no respeito pela legalidade. Muitos, por exemplo, se perguntam qual das duas deve prevalecer no caso em que as regras da política impusessem escolhas contrárias aos valores ideais próprios. O que fazer? Abandonar o campo para evitar qualquer "comprometimento" ou permanecer no seu posto procurando, na medida do possível, melhorar a partir de dentro posições *per se* inaceitáveis?

Numa situação pluralista e complexa como a nossa, não se pode prescindir do consenso democrático. É preciso, portanto, levar em conta certa gradualidade na afirmação dos valores nos quais se crê. Pode acontecer que não se chegue a afirmar valores que para nós são fundamentais e indisponíveis, sem produzir uma crise destruidora para a convivência por causa de um costume moral predominante contrário ou não maduro.[22] É preciso, portanto, distinguir entre os princípios éticos, que são absolutos e imutáveis, e a ação política que, embora se deva inspirar neles, se propõe a realizar o bem comum concretamente possível numa determinada situação. Certamente, nunca é lícito admitir um mal moral. No entanto, caso fosse impossível fazer mais, deveríamos limitar-nos a realizar um bem menor (ou a tolerar um mal menor), aplicando o princípio do maior bem concretamente possível.[23]

É necessário, em todo caso, difundir uma cultura nova da legalidade, que seja ao mesmo tempo solidária e responsável. Se quisermos edificar uma sociedade democrática madura, a legalidade há de ser animada e integrada pela solidariedade responsável. Por isso, além do que é possível obter sempre de novo nos casos singulares, uma concepção reformista da relação entre legalidade e solidariedade responsável requer que as escolhas políticas e as leis sejam sempre inspiradas na primazia da pessoa e dos seus direitos inalienáveis e reservem sempre uma atenção privilegiada aos mais fracos.

Nesta mesma linha de raciocínio, a DSI ensina que o compromisso pela legalidade já é uma forma de solidariedade. De fato, a justiça é "a

---

[22] Cf. C. M. MARTINI, Chiesa e comunità política, in: *Aggiornamenti Sociali*, n. 2 (1996), p. 173s.

[23] Cf. C. M. MARTINI, Criteri cristiani di discernimento nell'azionte politica, in: *Aggiornamenti Sociali*, n. 9-10 (1998), p. 713-718.

medida mínima da caridade".[24] Todavia – especifica João Paulo II – "a justiça, por si só, não basta e pode até levar à negação e ao aniquilamento de si própria, se não se permitir àquela força mais profunda, que é o amor, plasmar a vida humana nas suas várias dimensões"; a razão é – explica – "enquanto a igualdade introduzida mediante a justiça se limita ao campo dos bens objetivos e extrínsecos, o amor e a misericórdia fazem com que os homens se encontrem uns com os outros naquele valor que é o mesmo homem, com a dignidade que lhe é própria".[25] Por isso uma legalidade sem solidariedade responsável nunca levará a uma democracia madura.

3. Amanhã: a Igreja por uma democracia madura

O que fazer, portanto, para passar da presente crise da democracia representativa para uma democracia madura, deliberativa e participativa? Olhando para amanhã, a Igreja se preocupa que o discurso sobre a "democracia deliberativa" não se reduza, por sua vez, apenas ao aspecto pragmático e funcional, ou seja, à necessidade de inventar novas técnicas de diálogo e de "inclusão" dos cidadãos nas decisões, descuidando--se da parte fundamental ou dos valores sobre os quais a democracia madura deve apoiar-se para ser sólida.

Trata-se, no fundo, de "reconstitucionalizar" o Estado, dado que a nossa constituição fundamenta-se na concepção reformista do personalismo solidário, e não no individualismo utilitarista, típico do liberalismo radical. Por isso, para passar a uma democracia madura, deliberativa e efetivamente participada, é preciso superar a visão antropológica neoliberalista que encheu o vazio deixado pela crise das ideologias e, ao fazer do individualismo o "pensamento único" dominante, pôs em crise a "democracia representativa". De fato corroeu os seus pilares fundamentais: a pessoa (reduzindo-a a "indivíduo"), a solidariedade (reduzindo-a a mero "legalismo formal"), a laicidade (reduzindo-a a "laicismo").

---

[24] PAULO VI, Discurso aos camponeses (Bogotá, 23.08.1968). In: *L'Osservatore Romano* (25.08.1968), p. 3.

[25] JOÃO PAULO II, Encíclica *Dives in misericordia* (30.11.1980), n. 14.

Por isso, o esforço que hoje devemos fazer é o de colocar como fundamento da nova democracia deliberativa e participativa um novo humanismo, uma nova cultura política, fundada na dignidade da pessoa, na fraternidade solidária, na laicidade positiva, que constituem a arquitrave da nossa constituição republicana.

É o único modo de achar um caminho para encontrar o respeito pelas diversidades, que se tornou inadiável e urgente, a fim de realizar uma democracia madura na nossa sociedade globalizada, pluricultural e pluriétnica.

Capítulo VI

A economia

Quando caiu o muro de Berlim, em 1989, muitos sentenciaram que o fim do socialismo real marcava a vitória definitiva do capitalismo. João Paulo II, na encíclica *Centesimus annus* (1991), foi o primeiro a afirmar que não era assim. A falência do comunismo – disse – demonstra apenas que ele foi uma resposta errada, mas não significa absolutamente que tenham sido resolvidos os problemas que o tinham feito nascer. De fato – nota o papa – mesmo em meio à abundância dos bens materiais produzidos pela economia livre de mercado, continuam a existir no mundo, e dentro dos próprios países mais ricos, fenômenos de marginalização, de exploração e de alienação humana que produzem uma espécie de desconcerto existencial e uma incapacidade de viver e de fruir retamente o sentido da vida.[1] Deve, portanto, haver algo errado na própria lógica da economia capitalista.

A recente crise econômico-financeira mundial dá razão a João Paulo II, o qual, já vinte anos antes, sugeria que não se falasse mais de capitalismo, mas de economia social de mercado ou de "sociedade do trabalho livre, do empreendimento e da participação".[2] Hoje, também o capitalismo, depois do socialismo real, chegou ao término. A sua crise é de "natureza estrutural" como aquela do comunismo. Com uma diferença, porém. O modelo socialista, que se identificava totalmente

---

[1] JOÃO PAULO II, Encíclica *Centesimus annus* (01.05.1991), n. 42.

[2] Ibidem, n. 35.

com a ideologia, uma vez desmentida e desaparecida, não pode mais ser proposto; porém o capitalismo – como já acontecera outras vezes – conserva a capacidade de se renovar. Também o baque financeiro, iniciado nos Estados Unidos com a explosão da bolha especulativa imobiliária de 2007, por um lado, pôs em crise o velho sistema capitalista, mas, por outro lado, oferece a oportunidade de uma profunda renovação da economia mundial, na ótica de uma governança equitativa e solidária.

Certamente, a crise é gravíssima. Nascida em seguida aos chamados empréstimos *subprime* (isto é, concedidos a clientes escassamente confiáveis), ela cresceu desmedidamente nos anos 1990 e hoje, após ter afundado alguns dos bancos mais importantes do mundo, ameaça agora a estabilidade econômica do planeta inteiro. A globalização dos mercados facilitou que a crise se estendesse à Europa e a todo o mundo. As suas dimensões dão medo: o Fundo Monetário Internacional calcula que a perda total de valor gira em torno de 1,4 trilhões de dólares. Todos já podem ver as graves consequências disso: milhares e milhares de empresas fechadas, milhões de pessoas desempregadas ou que perderam a casa e suas poupanças. Sobre tudo e sobre todos paira o espectro da precariedade. Obviamente se busca refúgio e se sucedem as reuniões de emergência entre os responsáveis máximos da economia mundial. No entanto, falta ainda uma análise aprofundada e global da crise, e isto expõe ao risco de se tomarem decisões tampões (salvar bancos, empresas líderes e seguradoras, garantir os depósitos), mas sem ter um projeto geral de reforma do sistema.

Ninguém nega a urgência de enfrentar as consequências imediatas do baque financeiro, mas é igualmente importante fazer uma leitura aprofundada e global desta enésima crise do capitalismo, com vistas a criar finalmente uma governança equitativa e solidária da economia. Com o seu ensinamento social a Igreja também quer contribuir para este fim. É verdade, ela não é competente para dar julgamentos de natureza técnica, no entanto, oferece princípios antropológicos e critérios éticos que podem ajudar a identificar melhor, indo além das causas próximas, a causa última da falência de um sistema produtivo que, não obstante os seus desequilíbrios, favoreceu notavelmente no mundo o progresso, o desenvolvimento econômico e a luta contra a pobreza.

Uma primeira Nota do Pontifício Conselho Justiça e Paz (2008) divisa *as causas próximas* da crise, sobretudo, no comportamento irresponsável dos agentes econômicos: "A situação atual é de emergência, porque se adiou a abordagem de algumas questões importantes: o seguimento dos movimentos bancários, a adequada prestação de contas das operações sobre os novos instrumentos financeiros e a cuidadosa avaliação do risco". Mas identifica depois *a causa última* da crise no fato de que a economia de mercado tem condições de produzir riqueza, mas prescinde daquelas regras éticas fundamentais (a primazia do bem comum, a destinação universal dos bens, a prioridade do trabalho sobre o capital), que requerem repartir de modo equitativo e solidário a riqueza produzida. Em suma, só as regras do mercado não bastam:

> O homem – explica o documento – jamais pode ser mudado ou redimido simplesmente a partir de fora. É necessário alcançar o ser moral mais profundo das pessoas, é preciso uma educação real ao exercício da responsabilidade em relação ao bem de todos, por parte de todos os indivíduos, a todos os níveis: agentes financeiros, famílias, empresas, instituições financeiras, autoridades públicas e sociedade civil.[3]

A falta dessa consciência ética explica também por que – no caso do baque financeiro mundial – os bancos se transformaram em agências de especuladores, preocupadas apenas com o lucro próprio e dos acionistas, em vez de investir em fundos de poupança ao serviço de um autêntico desenvolvimento humano.

Uma segunda Nota do Pontifício Conselho Justiça e Paz (24 de outubro de 2011), como contribuição ao G20 de Cannes, propõe a constituição de uma autoridade mundial que atue não por imposição, mas no respeito pela subsidiariedade, isto é, pronta a ajudar a quem não pode fazer sozinho. E acentua a primazia da ética e da política sobre a economia e sobre as finanças.

Portanto, a DSI, ao propor uma leitura em perspectiva cristã, ajuda a dar uma interpretação global da crise na medida em que dela esclarece (1) a natureza "estrutural", (2) as implicações de natureza ética, (3) a

---

[3] PONTIFÍCIO CONSELHO JUSTIÇA E PAZ, Nota *Financiamento e desenvolvimento* (18.11.2008), n. 3c.

possibilidade de ela, apesar de tudo, constituir mais uma oportunidade do que uma perda.

1. Natureza "estrutural" da crise

A crise econômico-financeira é um aspecto da crise estrutural geral que o mundo atravessa hoje; estão em discussão a cultura e os valores sobre os quais se apoiava o modelo anterior de civilização, por isso é preciso refundar as estruturas sustentadoras da convivência civil, a saber: o trabalho, a família, a escola, as instituições políticas. A crise desencadeada pelos empréstimos *subprime* estadunidenses é apenas o último elo de uma longa cadeia de graves distorções, que, antes de ser econômicas e financeiras, são culturais e de sentido. Lamenta Bento XVI: "Precisamente por causa do influxo de fatores de ordem cultural e ideológico, hoje a sociedade civil e secular encontra-se numa nova situação de extravio e de confusão: perdeu-se a evidência originária dos fundamentos do ser humano e do seu agir ético".[4]

Certamente, a falência do modelo socialista realmente ressaltou melhor a capacidade que a economia livre de mercado tem de produzir riqueza. Ao mesmo tempo, porém, a globalização mostrou que "o sistema econômico, em si mesmo, não possui critérios que permitam distinguir corretamente as formas novas e mais elevadas de satisfação das necessidades humanas, das necessidades artificialmente criadas que se opõem à formação de uma personalidade madura".[5] Noutras palavras, um sistema econômico fundado numa cultura da produção e do consumo sem sentido ético se torna, de fato, insustentável. Realmente, se a finalidade é apenas lucrar mais, é lógico que a atividade especulativa há de ser preferida à atividade produtiva, o ganho do capital ao do trabalho. Isto, porém, especialmente agora que a globalização colocou o mercado financeiro ao alcance do cidadão médio, gera distorções tais que torna ingovernável o sistema e produz consequências desumanizadoras. Sobretudo, cria desemprego, porque o "mercado financeiro

---

[4] BENTO XVI, *Discurso aos membros da Comissão Teológica Internacional* (05.10.2007).

[5] JOÃO PAULO II, Encíclica *Centesimus annus* (01.05.1991), n. 36.

sem fronteiras", tendo se tornado um setor de grande atração para os investimentos, está à mercê de "leis" dificilmente controláveis que impelem os capitais para fora dos limites nacionais, em busca de investimentos mais rentáveis, onde é mais abundante a oferta de mão de obra de baixo custo.

Por este motivo, para sair da crise é necessário que os processos de globalização não sejam deixados à pura lógica do mercado. A crescente interdependência das economias e dos sistemas sociais precisa de que as condições de trabalho e de vida sejam orientadas por um *éthos* e por regras comuns, por uma nova cultura econômica que inspire uma governança equitativa e solidária da economia.

Não será fácil. De fato, a superação das distorções do mercado (com as relativas consequências sociais e humanas) ficou mais problemática pelo fato de que

> a liderança do processo de globalização está, na prática, na mão de poucos sujeitos que se impuseram por conta própria na cena mundial e se arrogam o poder de ditar regras aos outros apenas em virtude da força econômica de que dispõem, sem qualquer legitimação democrática e sem nenhum controle de baixo: é o caso, por exemplo, da Organização Mundial do Comércio (WTO), das grandes empresas transnacionais, de organismos financeiros como o Banco Mundial e o Fundo Monetário Internacional e de outras tecnocracias financeiras e legais, que disciplinam transações econômicas cujo volume frequentemente supera o produto interno bruto de estados inteiros.[6]

Uma leitura em perspectiva cristã, portanto, sublinhando a natureza "estrutural" da crise, exige que essas situações do velho modelo financeiro e econômico sejam mudadas radicalmente. Isto só poderá ser feito se existir uma autoridade pública mundial que possa ocupar-se do funcionamento ordenado do sistema econômico e financeiro global, em condições de proteger o bem comum. Não bastam mais as autoridades nacionais singulares, nem o G8 nem o G20 (que excluem os países menos desenvolvidos).

---

[6] B. SORGE, La chiesa e la globalizzazione, in: *Aggiornamenti Sociali*, n. 5 (2002), p. 359.

2. Implicações de natureza ética

A crise presente, portanto, não é só de natureza estritamente econômica. O seu preço humano e social é muito alto e se traduz, antes de tudo, em falta de trabalho, com a consequência dramática de se ampliarem perigosamente as desigualdades sociais. Por um lado, fortalece-se desmedidamente o poder de poucos, que dispõem em abundância de bens supérfluos; por outro lado, aumenta a massa daqueles a quem falta o necessário. Os possuidores de capitais chegam a dispor como melhor entendem não só da riqueza produzida, mas também do trabalho humano que a produz: empregam nova mão de obra apenas se acham que ela pode servir para aumentar o lucro da empresa. O lucro permanece o único critério, como se o empreendedorismo e a capacidade gerencial não tivessem – como no caso da propriedade privada – uma intrínseca dimensão social. O caminho a seguir, portanto, é claro: é preciso introduzir alguns determinados critérios morais e jurídicos que fixem limites à lógica do lucro, se quisermos que o trabalho humano (fator essencial da identidade e da dignidade da pessoa e da paz social) não seja deixado ao arbítrio do mais forte ou à mercê de circunstâncias mutáveis com custos humanos e sociais inaceitáveis.

Noutras palavras, não há nenhuma dúvida de que a causa última da crise econômica atual seja a cultura econômica neoliberalista (o "pensamento único" dominante) com o seu intrínseco individualismo utilitarista e tecnocrático, para o qual o julgamento ético – como já dizíamos – permanece subordinado à eficiência, à inovação tecnológica e ao consenso social, sem nenhuma referência aos valores radicados na própria pessoa humana, na sua consciência moral e religiosa. O novo pacto internacional, cuja necessidade todos percebem, deverá fixar com certeza novas regras comuns de coordenação em matéria monetária, financeira e comercial; elas, porém, se tornam mais uma vez inadequadas se não forem inspiradas na prioridade do trabalho sobre o capital, na primazia do homem sobre o lucro, ou seja, numa nova governança equitativa e solidária da economia.

Segundo uma leitura em perspectiva cristã, portanto, não se pode atribuir a responsabilidade pela crise apenas à incapacidade ou à má-fé dos agentes financeiros e dos dirigentes de banco, mas é acusada também a lógica do velho sistema capitalista que, sem tensão ética, acaba necessariamente privilegiando as finanças acima da economia real, a especulação acima da produção, o lucro acima do trabalho humano. A verdadeira inimiga do desenvolvimento ordenado é a mentalidade consumista, que é a mãe da especulação. É irresponsabilidade, portanto, iludir os cidadãos de que, gastando e consumindo mais, ajudarão a superar uma crise que nasce exatamente da distorção mental consumista. A riqueza, ao contrário, vem do trabalho e da produtividade das empresas.

3. A crise como oportunidade

Postas estas premissas sobre a natureza estrutural da crise e sobre a necessidade de que o novo sistema econômico-financeiro seja inspirado por uma governança equitativa e solidária da economia, é possível compreender por que o pacto internacional que deverá ser estipulado, com a criação de uma autoridade pública mundial, oferece hoje a ocasião propícia para passar do velho capitalismo, que chegou ao fim, para a *economia social de mercado*, da qual falava João Paulo II na encíclica *Centesimus annus*. No entanto, o problema não se resolve só a partir do alto. A propósito, o ensinamento social da Igreja insiste sobretudo na necessidade de reformar de modo equitativo e solidário a empresa e o Estado social, que constituem respectivamente o *alfa* e o *ômega* da economia social de mercado.

No tocante à *empresa*, a renovação das estruturas empresariais é exigida também pela introdução das novas tecnologias e da informatização nos processos produtivos, com os quais se tende a valorizar sempre mais o que há de específico no trabalho do homem: o uso da inteligência no lugar da força física e a participação corresponsável de todos os fatores produtivos no lugar do domínio absoluto dos "donos" de um tempo. Os acionistas são – em certo sentido – "empregados" da empresa. É por isto que a crise mundial se torna uma oportunidade, no sentido de impelir para a criação de um novo modelo de empresa (e de política econômica e financeira), inspirado claramente no princípio de solidariedade.

A DSI sempre insistiu neste princípio. João Paulo II disse:

> É preciso fazer do princípio de solidariedade o critério constante e qualificante das escolhas de política econômica. Infelizmente ainda

hoje não falta quem acredite que a mais ampla liberdade de mercado, favorecendo a iniciativa e o crescimento econômico, se traduz automaticamente em riqueza para todos. Mas a história e a realidade sob os nossos olhos mostram bastante que não é assim. Assistimos antes a momentos de expansão produtiva que, também devido à inovação tecnológica, são acompanhados por aumento de desemprego e relativo desassossego social.[7]

Já existem numerosas tentativas de reformular a empresa nesta direção, com resultados satisfatórios: pensemos nas várias iniciativas de economia solidária, de consumo e de poupança responsável, no comércio equitativo e solidário, nos bancos éticos, nas experiências de economia de comunhão.

Ao mesmo tempo, a crise mundial oferece também a oportunidade de realizar a desejada *reforma do Estado social*. Esta – continua João Paulo II – exige não só "a valorização dos poderes locais, mas também a convergência das iniciativas dos diversos sujeitos institucionais – desde os organismos públicos aos econômicos, sociais, culturais –, criando as condições de um acordo para o desenvolvimento, que permita utilizar melhor os recursos disponíveis no território".[8] Trata-se de valorizar a participação criativa da sociedade civil, de modo que atue como terceiro polo entre o mercado e o Estado, com igual dignidade em relação a um e ao outro, valorizando as autonomias locais, na perspectiva de uma democracia madura.

> O binômio exclusivo mercado-Estado – especifica o papa Bento XVI – corrói a sociabilidade, enquanto as formas econômicas solidárias, que encontram o seu melhor terreno na sociedade civil sem contudo se reduzir a ela, criam sociabilidade. O mercado da gratuidade não existe, tal como não se podem estabelecer por lei comportamentos gratuitos, e todavia tanto o mercado como a política precisam de pessoas abertas ao dom recíproco.[9]

---

[7] JOÃO PAULO II, Discurso aos representantes do mundo do trabalho. In: *L'Osservatore Romano* (31.03.1996), n. 6.

[8] Ibidem, n. 7.

[9] BENTO XVI, Encíclica *Caritas in veritate* (26.06.2009), n. 39.

Portanto, é por isso que a crise atual, apesar de tudo, mais que um descalabro, é uma oportunidade, à medida que leva a uma governança equitativa e solidária da economia. Portanto – concluindo –, parece bem fundamentado o desejo de Bento XVI, quando faz votos de que "da atual crise mundial nasça a vontade comum de dar vida a uma nova cultura da solidariedade e da participação responsável, indispensável para construir juntos o futuro do nosso planeta".[10] Isto supõe um sério compromisso formativo: os cidadãos do século XXI deverão aprender a viver unidos respeitando-se como diferentes e a ser "GloCais": *glo*(bais) na mente e no modo de pensar, enquanto atuam como (lo)*cais* ao enfrentar os problemas concretos do seu território.

---

[10] BENTO XVI, Discurso aos dirigentes CISL no 60º aniversário da confederação (31.01.2009). In: *L'Osservatore Romano* (01.02.2009).

Capítulo VII

O Estado e a Igreja

Ao querer falar dos ensinamentos da Igreja relativos ao tema do Estado, o aspecto que principalmente foi desenvolvido e renovado pela recente DSI diz respeito às relações entre o Estado e a Igreja. Os esclarecimentos definitivos sobre este assunto delicado e importante podem estar contidos na resposta que a DSI dá hoje a três perguntas: (1) Qual relação deve haver entre a comunidade eclesial e a comunidade política? (2) Qual o limite entre âmbito religioso e âmbito político que não é lícito ultrapassar nem por parte da Igreja nem por parte do Estado? (3) Quais relações devem haver entre a hierarquia e os fiéis leigos comprometidos em política?

1. Comunidade eclesial e comunidade política

O ponto de partida sobre o qual a DSI chama a atenção é a distinção entre comunidade eclesial e comunidade política. Do ponto de vista teológico e à luz das aquisições do Concílio Vaticano II, agora é pacífico que "a missão própria confiada por Cristo à sua Igreja não é de ordem política, econômica ou social: o fim que lhe propôs é, com efeito, de ordem religiosa".[1] Na encíclica *Deus caritas est*, falando da relação entre justiça, política e caridade, Bento XVI aproveita a ocasião para acentuar em que se distingue a ação da Igreja da ação das instituições políticas do Estado. A Igreja – diz o papa – não se propõe fazer valer a sua

---

[1] *Gaudium et spes*, n. 42.

Doutrina Social no plano estritamente político, mas contribui para a vida da comunidade política iluminando as consciências e purificando a razão com os horizontes da fé, ou seja, a Igreja "quer servir a formação da consciência na política e ajudar a crescer a percepção das verdadeiras exigências da justiça e, simultaneamente, a disponibilidade para agir com base nas mesmas, ainda que tal colidisse com situações de interesse pessoal".[2] Quer dizer, a comunidade eclesial contribui para o bem comum, que é o fim da comunidade política, através da "caridade social", entendida como serviço e como espiritualidade.

É exatamente o que o Concílio já tinha acentuado: "A Igreja de modo algum se confunde com a sociedade nem está ligada a qualquer sistema político determinado", mas "no domínio próprio de cada uma, comunidade política e Igreja são independentes e autônomas".[3] No plano concreto, isto significa que ambas as partes, tendo natureza e missão diferentes, devem ser livres para perseguir cada uma o seu próprio fim e usar os instrumentos próprios de que dispõem. Na prática, a Igreja não pode invadir o âmbito político ou servir-se da política para finalidade religiosa, e o Estado não pode invadir o âmbito religioso ou servir-se da religião para finalidade política.

Portanto, as relações entre comunidade política e comunidade eclesial não podem ser as mesmas que existem entre duas potências mundanas: o fato de, em nível internacional, ser reconhecida personalidade jurídica da Igreja Católica (por causa da sua história e da sua universalidade), não impede que a atividade eclesial pertença essencialmente ao plano religioso e ético e nele seja desempenhada.

No entanto, há alguns âmbitos do bem comum nos quais comunidade política e comunidade religiosa de certa maneira se compenetram. Verifica-se esta coincidência seja porque as pessoas que compõem as duas comunidades são as mesmas, seja porque há assuntos – por exemplo, os referentes à família, ou os diversos aspectos da vida humana, ou o direito dos pais de escolher livremente a escola ou a formação a dar aos filhos – que envolvem ao mesmo tempo a missão religiosa da Igreja e a organização laica do Estado. De fato, católicos e leigos são

---

[2] BENTO XVI, Encíclica *Deus caritas est* (25.12.2005), n. 28a.

[3] *Gaudium et spes*, n. 76.

igualmente "cidadãos". Isto explica por que a comunidade eclesial e a comunidade política, cada uma zelosa da sua autonomia e devendo cada uma servir o bem comum, não podem deixar de se encontrar e interagir em espírito de leal colaboração. Igreja e Estado – afirma o Concílio – exercem o seu "serviço para bem de todos, quanto melhor cultivarem entre si uma sã cooperação, tendo igualmente em conta as circunstâncias de lugar e tempo".[4]

Agora está superada historicamente a concepção iluminista de laicidade (o velho laicismo). Prevalece a concepção de "laicidade positiva", da qual falaram há alguns anos o presidente francês Nicolas Sarkozy e Bento XVI. Sarkozy disse em Roma, por ocasião da tomada de posse do canonicato honorário de São João de Latrão (20.12.2007):

> A laicidade se afirma como necessidade e oportunidade. Tornou-se uma condição da paz civil. [...] Chegou o momento no qual, num mesmo espírito, as religiões, em particular a religião católica, que é a nossa religião majoritária, e todas as forças vivas da nação olharem juntas para a aposta em jogo do futuro [...]. Na república leiga, o homem político [...] não deve decidir em função de considerações religiosas. É importante, porém, que a sua reflexão e a sua consciência sejam iluminadas especialmente pelos pareceres que fazem referência a normas e convicções livres das contingências imediatas [...]. É por isto que desejo profundamente o advento de uma laicidade positiva, ou seja, uma laicidade que, mesmo vigiando a liberdade de pensamento, a liberdade de crer ou não crer, não considera que as religiões são um perigo, mas antes um ponto a favor.

Em Paris, o mesmo presidente francês retomou o discurso por ocasião da visita do papa na França (12-15.09.2008):

> É legítimo para a democracia e respeitoso da laicidade dialogar com as religiões. Estas, e em particular a religião cristã, com a qual compartilhamos uma longa história, são patrimônio de reflexão e de pensamento não só sobre Deus, mas também sobre o homem, sobre a sociedade e até sobre aquela preocupação hoje central, que é a natureza e a conservação do meio ambiente. Seria uma loucura privar-nos disso, seria sim-

---

[4] Ibidem.

plesmente um erro contra a natureza e contra o pensamento. É por isso que faço apelo, mais uma vez, a uma laicidade positiva. Uma laicidade que respeite, uma laicidade que reúna, uma laicidade que dialogue. E não uma laicidade que exclua e que denuncie. Nesta época em que a dúvida e o ensimesmamento colocam as nossas democracias diante do desafio de responder aos problemas do nosso tempo, a laicidade positiva oferece às nossas consciências a possibilidade de trocar opiniões, além das crenças e dos ritos, sobre o sentido que queremos dar à nossa existência. A busca de sentido.[5]

Esta concepção positiva de "laicidade" – entendida como colaboração entre Estado e Igreja (e não mais como contraposição ou como mera tolerância para com a religião) – é agora amplamente aceita, como confirmam dois casos emblemáticos: o *Acordo de Revisão da Concordata Lateranense entre a Santa Sé e a República Italiana* (18 de fevereiro de 1984) e o *Tratado Constitucional Europeu*, tanto na primeira versão (assinada em Roma em 29 de outubro de 2004, mas depois abandonada, a seguir ao voto negativo da França e da Holanda) como na nova versão do *Tratado de Reforma da União Europeia* aprovado em Lisboa em outubro de 2007 (depois renomeado para *Tratado sobre o Funcionamento da União Europeia*). O art. 1 do *Acordo de revisão* diz: "A República italiana e a Santa Sé reafirmam que o Estado e a Igreja Católica são, cada qual na sua ordem, independentes e soberanos, comprometendo-se ao pleno respeito de tal princípio nas suas relações e à recíproca colaboração para a promoção do homem e o bem do país". Por sua vez, o artigo I-52 do *Tratado Constitucional Europeu* (que se tornou o art. 16 C do *Tratado sobre o Funcionamento da União Europeia*) reconhece o *status* do qual as Igrejas, associações ou comunidades religiosas gozam no seu próprio país (§ 1); portanto, após ter admitido explicitamente o valor social da religião, dispõe que se instaurem relações estáveis de colaboração entre as instituições da União Europeia e as Igrejas através "de um diálogo aberto, transparente e regular" (§ 3). A religião, portanto, não é mais considerada um fenômeno privado, e o Estado leigo não a pode ignorar. O velho laicismo iluminista está superado nos fatos.

---

[5] N. SARKOZY, Discurso no Eliseu (12.09.2008). In: *L'Osservatore Romano* (13.09.2008).

Por sua vez, também a Igreja, a partir do Concílio Vaticano II, repensou o conceito de laicidade, que hoje é considerado justamente um valor cristão, uma vez que se funda sobre a teologia das realidades terrestres e do laicato. Bento XVI voltou várias vezes a este conceito de uma laicidade positiva. Fez isso ao falar à Conferência Episcopal Italiana (CEI), quando visitou o Congresso Eclesial Nacional de Verona (2006):

> A Igreja não pode faltar à sua tarefa de purificar a razão, mediante a proposta da própria Doutrina Social, argumentada "a partir daquilo que é conforme com a natureza de cada ser humano", e despertar as forças morais e espirituais, abrindo a vontade às exigências autênticas do bem. Por sua vez, uma laicidade sadia do Estado exige sem dúvida que as realidades temporais sejam regidas por normas que lhes são próprias, às quais pertencem por isso também aquelas orientações éticas que encontram o seu fundamento na própria essência do homem e, por isso, remetem em última análise para o Criador.[6]

Voltou a isso no discurso inaugural da V Conferência Geral do Episcopado Latino-Americano:

> Certamente existe um tesouro de experiências políticas e de conhecimentos sobre os problemas sociais e econômicos, que evidenciam elementos fundamentais de um estado justo e os caminhos que se têm de evitar. Mas em situações culturais e políticas diversas, e em transformação progressiva das tecnologias e da realidade histórica mundial, há que se buscar, de maneira racional, as respostas adequadas e deve-se criar – com os compromissos indispensáveis – o consenso sobre as estruturas que hão de se estabelecer. Este trabalho político não é competência imediata da Igreja. O respeito de uma sã laicidade – até mesmo com a pluralidade das posições políticas – é essencial na tradição cristã autêntica.[7]

---

[6] BENTO XVI, *Discurso aos membros da Conferência Episcopal Italiana reunidos para a 56ª Assembleia* (18.05.2006). Disponível em: <https://w2.vatican.va/content/benedict-xvi/pt/speeches/2006/may/documents/hf_ben-xvi_spe_20060518_cei.html>.

[7] BENTO XVI, Discurso na sessão inaugural da 5ª Conferência Geral do CELAM (Aparecida, 13.05.2007). In: *Documento final da 5ª Conferência Geral do Episcopado Latino-Americano e do Caribe*, p. 278.

Em seguida, o mesmo Bento XVI voltou ao assunto, na sua viagem à França, retomando o tema da necessária colaboração entre Estado e Igreja.

> Neste momento histórico – disse o papa – em que as culturas se entrecruzam sempre mais, estou profundamente convicto de que se tornou necessária uma nova reflexão sobre o verdadeiro sentido e sobre a importância da laicidade. De fato, é fundamental, por um lado, insistir na distinção entre o âmbito político e o religioso, para tutelar quer a liberdade religiosa dos cidadãos, quer a responsabilidade do Estado em relação a eles, e, por outro, consciencializar-se mais claramente da função insubstituível da religião na formação das consciências e da contribuição que a mesma pode dar, juntamente com outras instâncias, para a criação de um consenso ético fundamental na sociedade."[8]

Numa palavra, a necessidade de uma estreita e leal colaboração entre Estado e Igreja hoje pode ser considerada adquirida tanto no plano histórico como no plano teológico. Por conseguinte, está descartada para a Igreja toda nostalgia do velho regime de "cristandade", e ao Estado laico a pretensão de reduzir a religião a mero fato de consciência e a Igreja a mera associação privada. Hoje a presença social da Igreja e a função do Estado parecem complementares ao conseguimento do bem comum político, exatamente porque, "embora por títulos diversos, Estado e Igreja servem à vocação pessoal e social dos mesmos homens".[9]

2. Qual é o limite entre âmbito da fé e âmbito da política?

A esta altura é preciso especificar qual é o limite entre âmbito religioso e âmbito político, para evitar "interferências" da Igreja nos assuntos internos do Estado e vice-versa.

A Igreja existe para evangelizar: quer dizer, nasceu para anunciar a "boa notícia" da libertação integral do homem e da sua elevação à

---

[8] BENTO XVI, *Discurso no Eliseu* (12.09.2008). Disponível em: <https://w2.vatican.va/content/benedict-xvi/pt/speeches/2008/september/documents/hf_ben-xvi_spe_20080912_parigi-elysee.html>.

[9] *Gaudium et spes*, n. 76.

vida divina. Para este fim, a Igreja dispõe de instrumentos próprios (em primeiro lugar, o anúncio da Palavra de Deus e os gestos sacramentais que culminam na Eucaristia), os quais não são de natureza política, econômica ou social, mas de natureza religiosa e sobrenatural. Ora, exatamente porque está orientada para a libertação integral do homem, a ação evangelizadora da Igreja tem um nexo inseparável com a promoção humana; com efeito, da missão religiosa brotam luz, energia e orientações que podem contribuir de modo determinante para o processo do desenvolvimento humano.[10]

Este laço intrínseco entre evangelização e promoção humana – explica Paulo VI na exortação apostólica *Evangelii nuntiandi* – está fundamentado em razões de ordem antropológica, teológica e evangélica.

> Entre evangelização e promoção humana, desenvolvimento, libertação, existem de fato laços profundos: laços de ordem *antropológica*, dado que o homem que há de ser evangelizado não é um ser abstrato, mas é sim um ser condicionado pelo conjunto dos problemas sociais e econômicos; laços de ordem *teológica*, porque não se pode nunca dissociar o plano da criação do plano da redenção, um e outro a abrangerem as situações bem concretas da injustiça que há de ser combatida e da justiça a ser restaurada; laços daquela ordem eminentemente *evangélica*, qual é a ordem da caridade: como se poderia, realmente, proclamar o mandamento novo sem promover na justiça e na paz o verdadeiro e o autêntico progresso do homem?[11]

Por este motivo não pode haver oposição nem separação, mas complementariedade, entre a ação da comunidade política e a ação da comunidade eclesial; embora sejam claramente distintas, elas coincidem no único e mesmo fim de realizar o crescimento pessoal e social dos cidadãos. A Igreja, portanto, se faz socialmente presente e relevante porque,

> procurando o seu fim salutar, a Igreja não se limita a comunicar ao homem a vida divina; espalha sobre todo o mundo os reflexos da sua luz, sobretudo enquanto cura e eleva a dignidade da pessoa humana, consolida a coesão da sociedade e dá um sentido mais profundo à cotidiana

---

[10] Cf. *Gaudium et spes*, n. 42.

[11] PAULO VI, Exortação apostólica *Evangelii nuntiandi* (08.12.1975), n. 31.

atividade dos homens. A Igreja pensa, assim, que, por meio de cada um dos seus membros e por toda a sua comunidade, muito pode ajudar a tornar mais humana a família dos homens e a sua história.[12]

Isto, porém – objetam os laicistas –, o que é senão "fazer política" e, portanto, "interferir" na vida do Estado? A resposta a esta objeção é encontrada à luz da dupla acepção do termo "política". Com efeito, "política" pode ser entendida no sentido mais amplo e mais alto de "discurso sobre o homem" e de "cultura política", ou no sentido mais comum e restrito de "prática política" (dos partidos, dos sindicatos, do governo).

Ora, a Igreja faz Política com o P maiúsculo. Com efeito, quando evangeliza, faz necessariamente cultura, propõe uma antropologia inspirada no Evangelho, faz um "discurso sobre o homem". Por isso o anúncio do Evangelho é destinado certamente a influenciar e inspirar os comportamentos pessoais e sociais, privados e públicos, de quem livremente o acolhe. Neste sentido se pode afirmar que, ao evangelizar, a Igreja "faz política" no significado mais alto e mais nobre do termo. Obviamente, o discurso cristão sobre o homem não deixa de ter incidência no plano da "prática" política, na medida em que esta reflete sempre a cultura na qual se inspira; mas não se pode falar de "ingerência". Esta ocorreria no caso de a Igreja fazer política com p minúsculo, intervindo diretamente em questões de "prática" política e de organização do Estado.

Pois bem, esta última possibilidade é excluída taxativamente pela DSI. Com efeito, para permanecer fiel à natureza essencialmente religiosa da missão confiada a ela por Cristo, a Igreja se exclui de toda intervenção direta na "prática" política. Certamente não porque a política seja uma coisa suja (Pio XI a definiu, ao contrário, como "o campo da mais vasta caridade"), mas porque trairiam a sua missão se se tornassem "homens de parte" aqueles que têm o ofício de dar testemunho do Absoluto e de mostrar ao mundo que a Igreja é verdadeiramente "sinal e instrumento da íntima união com Deus e da unidade de todo o gênero humano".[13] Esta é a verdadeira razão teológica, porque "não compete aos pastores da Igreja intervir diretamente na construção política e na organização da vida social. Este papel faz parte da vocação dos fiéis

---

[12] *Gaudium et spes*, n. 40 (Denzignger/Hünermann 4340).

[13] *Lumen gentium*, n. 1.

leigos, agindo por sua própria iniciativa juntamente com os seus concidadãos".[14] Bento XVI destacou:

> Se a Igreja começasse a se transformar diretamente em sujeito político, não faria mais pelos pobres e pela justiça, mas faria menos, porque perderia sua independência e sua autoridade moral, identificando-se com uma única via política e com posições parciais opináveis. A Igreja é advogada da justiça e dos pobres, precisamente ao não se identificar com os políticos nem com os interesses de partido.[15]

No entanto, embora se abstendo de intervir diretamente na prática política, a hierarquia não pode ser de modo algum indiferente ou desinteressada em relação às decisões políticas, econômicas e sociais; ao contrário, devido ao nexo intrínseco entre evangelização e promoção humana, é dever do magistério julgar a coerência ou não delas com o Evangelho e com o ensinamento social cristão. Isto não significa superar o limite entre âmbito da fé e âmbito político.

Este é, pois, o modo como a Igreja "faz política". Não participando na luta pelo poder, nem se alinhando com uma ou outra facção partidária, nem preferindo uma determinada estrutura institucional a uma outra; mas anunciando a salvação em Cristo, iluminando a solução dos problemas do homem com a luz que vem da Palavra de Deus e, sobretudo, formando consciências e leigos cristãos maduros, ao quais compete o dever de testemunhar com a própria vida os valores evangélicos e com o seu compromisso concreto abrir a prática política a um humanismo integral, no pleno respeito pela laicidade.

3. Quais as relações entre hierarquia e compromisso político dos fiéis leigos?

No entanto, apesar dos esclarecimentos teóricos e de toda boa vontade, é preciso admitir que na prática algumas "invasões de campo" foram verificadas e podem sempre ser verificadas. Tanto que a Igreja

---

[14] *Catecismo da Igreja Católica*, n. 2442.

[15] BENTO XVI, Discurso na sessão inaugural da 5ª Conferência Geral do CELAM (Aparecida, 13.05.2007). In: *Documento final da 5ª Conferência Geral do Episcopado Latino-Americano e do Caribe*, p. 278.

sentiu a necessidade de pedir publicamente perdão pelos comportamentos incoerentes do passado.

A causa principal das intrusões não é a vontade de ingerir-se em âmbitos alheios, mas – na maioria das vezes – é a dificuldade objetiva de discernir quando e onde se verificam situações de emergência tais que justifiquem a intervenção da hierarquia na qualidade de "suplência". Com efeito, João Paulo II explicou:

> Pode haver casos excepcionais de pessoas, grupos e situações em que pode parecer oportuno ou totalmente necessário desempenhar uma função de ajuda e de suplência em relação às instituições carentes e desorientadas, para sustentar a causa da justiça e da paz. As próprias instituições eclesiásticas, também de cúpula, desempenharam na história essa função, com todas as vantagens, mas também com todos os encargos que daí derivam.[16]

Por exemplo, podemos dizer que a hierarquia desempenhou funções de suplência na Itália depois da Segunda Guerra Mundial, quando o país estava despreparado para enfrentar o perigo comunista e devia, ao mesmo tempo, restabelecer a democracia após o fascismo. Outro caso de "suplência" foi o compromisso da comunidade eclesial contra a máfia no sul da Itália, nos anos 1980, na ausência total do Estado. A Igreja fez o mesmo na Polônia nos anos do comunismo e em numerosas situações ditatoriais da América Latina, onde a Igreja era praticamente a única força moral, a única voz em condições de se fazer ouvir.

Certamente, ninguém se escandaliza se em semelhantes casos extremos a hierarquia se compromete em ações de "suplência", em defesa dos pobres e dos oprimidos e em favor da justiça e da paz. Ao mesmo tempo, porém, é preciso acentuar que se trata exatamente de exceções, as quais confirmam a regra, segundo a qual a Igreja se abstém rigorosamente de intervir na política. Isto explica por que, nos nossos dias, suscita perplexidade e preocupação (inclusive entre os católicos) a multiplicação de casos impróprios de "suplência" eclesiástica. Existe, de fato, a tendência – também porque os leigos não percebem –, por parte de autorizados expoentes da Igreja, de dirigir-se diretamente às

---

[16] JOÃO PAULO II, Il presbitero e la società cvivile. In: *L'Osservatore romano* (29.07.1993).

instituições estatais para fazer valer as suas razões e de tomar posição sobre questões técnicas, que *per se* são opináveis, pertencem ao âmbito da "prática" política e são motivo de divisão dos ânimos e de conflito entre facções políticas opostas. Casos semelhantes de "suplência" são impróprios porque não exigidos por situações graves de emergência; ao contrário, são danosos, porque alimentam incompreensões e conflitos não só entre católicos e leigos, mas na própria comunidade eclesial. Correm, sobretudo, o risco de apresentar aos olhos da opinião pública, como se fossem de natureza confessional, questões que são exclusivamente de natureza leiga e política. Por isso é tempo de os fiéis leigos se reapropriarem da tarefa específica que têm de animar a vida política a partir de dentro e "procurar o Reino de Deus administrando as realidades temporais e ordenando-as segundo Deus".[17] Ultrapassagens impróprias dos limites no âmbito da prática política fariam a Igreja pagar um custo pastoral altíssimo, com efeitos negativos sobre a credibilidade da própria obra de evangelização.

O efeito prático dos esclarecimentos do Concílio e do magistério recente (que nos esforçamos em esclarecer) sobre a vida interna da comunidade cristã e sobre as relações externas desta com as instituições públicas ainda não acabou totalmente na Itália. No que se refere à vida interna, o fato de a estrutura da Igreja, como Cristo a quis, ter uma distinção de grau e de função entre hierarquia e leigos "não significa que na Igreja haja uma zona reservada à atuação dos pastores e uma reservada à ação dos leigos"; a missão é única. Ela se realiza na comunhão eclesial sob a liderança do bispo com tarefas diversas mas complementares entre pastores e fiéis leigos. Hoje é preciso, portanto, sobretudo, a revalorização da missão dos leigos na vida da Igreja. Sem um laicato maduro não é possível um testemunho exemplar da comunidade cristã.

Concretamente, não cabe aos bispos mediar os valores cristãos em decisões operacionais ou legislativas:

> Quando os pastores, movidos pelos princípios do Evangelho, intervêm na sociedade com a pregação e a palavra sem avançar o direito de ditar uma ética pública para todos os cidadãos, eles pedem para ser ouvidos,

---

[17] *Lumen Gentium*, n. 31 (Denziger-Hünermann, 4157).

aconselham, previnem, mas não pretendem que a lei evangélica seja traduzida em lei vinculante para todos, a não ser quando a consciência de todos está concorde em exigi-lo: a Igreja aceita pacificamente entrar na ação e na ágora com as suas propostas, faz valer democraticamente as suas posições, põe à luz as positividades também em nível antropológico e social, mas não pretende ser o único critério ético que fundamente a convivência civil.[18]

Os bispos certamente podem e devem se pronunciar sobre a conformidade ou não dos programas políticos e das leis com o Evangelho e com a doutrina da Igreja, mas compete aos fiéis leigos realizar responsavelmente e com consciência iluminada as necessárias mediações de natureza técnica, social, política e econômica. O Concílio Vaticano II deixou isso claro:

> Os leigos devem assumir como encargo próprio seu a edificação da ordem temporal e agir nela de modo direto e definido, guiados pela luz do Evangelho e a mente da Igreja e movidos pela caridade cristã; enquanto cidadãos, cooperar com os demais com a sua competência específica e a própria responsabilidade.[19]

Bento XVI acentuou isso:

> O dever imediato de trabalhar por uma ordem justa na sociedade é próprio dos fiéis leigos. Estes, como cidadãos do Estado, são chamados a participar pessoalmente na vida pública. [...] Por conseguinte, é missão dos fiéis leigos configurar retamente a vida social, respeitando a sua legítima autonomia e cooperando, segundo a respectiva competência e sob própria responsabilidade, com os outros cidadãos".[20]

É a hora dos leigos. Mas onde estão hoje os leigos? Por que não são ouvidos?

Neste ponto, a Igreja italiana ainda está atrasada. A questão da presença política dos cristãos praticamente desapareceu depois do fim

---

[18] E. BIANCHI, *La differenza cristiana*. Torino: Einaudi, 2006, p. 73.

[19] *Apostolicam actuositatem*, n. 7.

[20] Bento XVI, Encíclica *Deus caritas est* (25.12.2005), n. 29.

da sua unidade na Democracia Cristã. A diáspora que se seguiu não permitiu ainda encontrar o modo – junto com o testemunho pessoal e público da própria fé – de mediar "laicamente" os valores cristãos na cultura e na sociedade secularizada e pluralista de hoje.

4. Concluindo

Hoje, tanto a DSI como o Estado excluem, por um lado, que a religião possa ser reduzida a mero fato interior e privado e, por outro lado, que se deva falar de conflito de natureza confessional toda vez que a Igreja exprime o seu julgamento sobre decisões de natureza ética, que são também de natureza política. Consciência leiga e consciência religiosa, fé e política, são chamadas a conviver e se encontrar na busca comum do bem comum do país, que é leigo e põe todos os cidadãos indistintamente em comum, além do seu pertencimento cultural, étnico ou confessional.

Portanto, a solução das dificuldades que nascem nas relações entre católicos e leigos, entre Igreja e Estado, não é procurada no confronto direto, nem numa reconstrução anacrônica das barreiras históricas. Ao contrário, é preciso que comunidade eclesial e comunidade política realizem um estilo novo de colaboração no pleno respeito pela autonomia recíproca e de uma laicidade positiva, exigido tanto pelas profundas mudanças da sociedade como pelas aquisições da eclesiologia do Concílio e do magistério recente, sem nostalgias oitocentistas por parte do Estado e sem saudade da "cristandade" perdida por parte da Igreja.

Capítulo VIII

A família

A DSI voltou inumeráveis vezes ao tema da família, mas nos últimos anos conheceu um rápido aprofundamento, sobretudo após a gravíssima crise que atingiu esta instituição fundamental da sociedade humana.

Sobre este assunto, não há dúvida de que o ensinamento mais atualizado (e, por diversos aspectos, verdadeiramente inovador no plano pastoral) seja o contido na exortação apostólica pós-sinodal do papa Francisco sobre o amor na família, a saber, *Amoris laetitia*. Esta exortação está baseada nas conclusões de dois sínodos mundiais dos bispos dedicados a estudar os problemas atuais da família, fortemente desejados pelo papa em dois anos sucessivos (2014 e 2015).

O documento pós-sinodal – explica o próprio papa Francisco (n. 6)[1] – enfrenta o argumento de modo diferente de como era desde os primeiros tempos da DSI. Nesse tempo se deduziam reflexões e orientações dos grandes princípios do "direito natural" e da revelação. Agora, porém, se emprega o "método indutivo", inaugurado pelo papa João XXIII na encíclica *Mater et magistra*, aplicado pelo Concílio Vaticano II sobretudo na *Gaudium et spes*, oficializado por Paulo VI na carta apostólica *Octogesima adveniens*, e que o papa Francisco restaurou desde a encíclica *Laudato si'*.

---

[1] Os números entre parênteses no texto se referem aos parágrafos da exortação apostólica pós-sinodal do papa Francisco, *Amoris laetitia* (19.03.2016).

Esse "método indutivo" supõe três fases sucessivas: ver, julgar, agir (o próprio João XXIII sintetizou o método na *Mater et magistra*). É o que o papa Francisco faz. Para enfrentar o discurso sobre o amor na família, ele nos convida a (1), antes de tudo, "ver", isto é, ler os sinais dos tempos, "a fim de ter os pés no chão", considerando a situação crítica da família hoje assim como ela é (cap. 2); (2) depois, "julgar", isto é, interpretar a crise atual da família à luz da Palavra de Deus (cap. 1 e 3) e do magistério da Igreja (cap. 4-7); (3) e finalmente, "agir", ou seja, elaborar uma nova prática pastoral, especialmente diante dos numerosos casos de fragilidade da família e do matrimônio (cap. 8). À guisa de conclusão, o papa não deixa de sugerir algumas linhas fundamentais de espiritualidade familiar (cap. 9).

1. A crise da família (cap. 2)

O papa Francisco evidencia, antes de tudo, a causa principal da crise atual da família, sobre a qual o Sínodo dos bispos 2014 já tinha chamado a atenção: ela está ligada – diz – à "mudança antropológico-cultural, [que] influencia hoje todos os aspectos da vida" (n. 32). Com efeito, esta mudança cultural gerou o atual "individualismo exasperado", que desnatura pela raiz os laços familiares.

Certamente, a revalorização do indivíduo por parte da cultura moderna produziu, por um lado, importantes efeitos positivos: levou a melhoramentos sociais nos direitos humanos, favoreceu a evolução das relações interpessoais, levou a uma nova concepção da relação entre os sexos e à afirmação da prioridade da relação afetiva sobre a relação jurídica na vida de casal.

Por outro lado, porém, o processo de privatização, somando-se ao processo de secularização e à perda do sentido sagrado da vida, influiu negativamente sobre a família muito mais do que sobre outros setores da vida social. Em substância, a prevalência do individualismo eclipsou a importância social e civil da família, confinando o matrimônio no âmbito do privado e abrindo o caminho à proliferação de novas relações de convivência, baseadas na liberdade individual dos parceiros, sem que eles devam prestar contas a ninguém da sua escolha e sem nenhuma responsabilidade para com a sociedade. Difundiu-se, portanto, uma cultura que considera a forma "natural" de família fundada no matrimônio entre um homem e uma mulher apenas como um dos diversos modelos sociológicos possíveis, uma das muitas formas de "convivência estável entre pessoas". Chegando ao ponto que a atenção privilegiada que, com razão ainda, em alguns países, se reserva à "família natural" é frequentemente julgada até como um ato de discriminação em relação com as chamadas "uniões livres". Com efeito, querer-se-ia que os casais de fato homossexuais e heterossexuais fossem considerados e tratados como tantas formas legítimas de família, em tudo e por tudo equiparadas àquela fundada no matrimônio entre um homem e uma mulher.

Por isso, o papa Francisco denuncia

> o crescente perigo representado por um individualismo exagerado que desvirtua os laços familiares e acaba por considerar cada componente da família como uma ilha, fazendo prevalecer, em certos casos, a ideia de um sujeito que se constrói segundo os seus próprios desejos assumidos com caráter absoluto (n. 33).

Quer dizer, corre-se o risco de transformar a família "num lugar de passagem, aonde uma pessoa vai quando lhe parecer conveniente para si mesma ou para reclamar direitos, enquanto os vínculos são deixados à precariedade volúvel dos desejos e das circunstâncias" (n. 34).

Obviamente, ao lado desta natureza cultural da crise da família, são apresentadas outras graves causas concomitantes. Entre elas, o papa cita a difusão da pornografia e da comercialização do corpo, a diminuição demográfica, o enfraquecimento da fé e da prática religiosa, a falta de uma habitação digna, os filhos sempre mais numerosos que nascem fora do matrimônio e vivem ou com um só dos pais ou num contexto familiar ampliado e reconstruído, o drama das migrações forçadas, o drama das famílias com pessoas inabilitadas ou incapazes, a presença dos idosos, a pobreza e, enfim, o desafio da ideologia do gênero, que nega a diferença e a reciprocidade natural de homem e mulher (n. 42-56).

Ao mesmo tempo, é preciso admitir que nem a Igreja soube prever a mudança antropológica que a evolução cultural contemporânea estava produzindo. Salvo raras exceções. Entre estas, por exemplo, não podemos esquecer o cardeal Martini, que, já no ano 2000, disse:

> Talvez por demasiado tempo deixamos que prevalecesse uma ideia predominantemente jurídica e econômica da relação de convivência, destinada quase unicamente à procriação da prole, dando a impressão de que esta instituição seria não uma convivência de pessoas, mas um fato objetivo que prescinde delas.[2]

Com efeito, o acento colocado sobre o aspecto jurídico e econômico ocultou, ao longo dos séculos, a imagem da família como comunidade de amor, mistério do amor de Cristo e da Igreja. À instituição familiar foi dada uma forte importância externa, mas uma escassa conotação interior: "O afeto conjugal era muitas vezes um dado acessório que não entrava na formação do universo do consenso, e a educação dos filhos não raramente era fruto mais do controle social do que da própria família".[3]

Isto aconteceu porque

> muitas vezes apresentamos o matrimônio de modo tal que o seu fim unitivo, o convite a crescer no amor e o ideal de ajuda recíproca ficaram na sombra, por causa de um acento quase exclusivo colocado sobre o dever da procriação. [...] apresentamos um ideal teológico demasiado abstrato, quase artificiosamente construído, longe da situação concreta e das efetivas possibilidades das famílias assim como são. [...] acreditamos que apenas insistindo em questões doutrinais, bioéticas e morais, sem motivar a abertura à graça, já sustentamos suficientemente as famílias, consolidamos o vínculo dos esposos e enchemos de significado a sua vida comum. [...] tivemos também dificuldade em dar espaço à consciência dos fiéis, que tantas vezes respondem da melhor maneira possível ao Evangelho, no meio dos seus limites, e podem levar avante o seu discernimento pessoal diante de situações em que se rompem todos os esquemas.

---

[2] C. M. MARTINI, Famiglia e politica, discorso per sant'Ambrogio, 2000. *Aggiornamenti Sociali*, n. 3 (2001), p. 253.

[3] Ibidem, p. 254.

Nunca devemos esquecer – insiste, por sua vez, o papa Francisco – que "somos chamados a formar as consciências, não a pretender substituí-las" (n. 36).

Noutras palavras, a mensagem da Igreja não pode ser diferente da atitude de Jesus, que, enquanto, por um lado, propunha um ideal exigente do matrimônio e da família, por outro lado, não escondia nunca sua proximidade compassiva das pessoas frágeis como a samaritana ou a mulher adúltera (n. 38). Como "julgar", portanto, a grave crise que hoje a família atravessa à luz da Palavra de Deus?

2. Interpretação da crise à luz da Palavra de Deus (caps. 1 e 3)

No início da exortação apostólica pós-sinodal, para dar um tom apropriado a todo o documento, o papa Francisco dá uma rápida olhadela na Bíblia (cap. 1). De fato, os acontecimentos nela narrados estão ligados entre eles, como por um fio condutor, pela narração das vicissitudes familiares: "O Evangelho da família atravessa a história do mundo desde a criação do homem à imagem e semelhança de Deus (cf. Gn 1,26-27) até à realização do mistério da Aliança em Cristo no fim dos séculos com as núpcias do Cordeiro (cf. Ap 19,9)" (n. 63).

Os acontecimentos familiares são o lugar privilegiado através dos quais Deus realiza a história da salvação. O seu relato é apresentado pela Bíblia não como uma sequência de teses abstratas, mas como a sequência de uma viagem, muito concreta, própria de cada família, sem ignorar os aspectos negativos de crise, de prova e de dor, que marcam a vida humana de todos os tempos (cf. n. 33).

Segue-se disto que, para a Bíblia, a família é o lugar da transmissão da fé, uma escola de vida onde, por um lado, os pais aprendem que os filhos não são propriedade sua, mas cada um deles tem diante de si um caminho pessoal de vida, inserido no desígnio mais vasto de Deus; e, por outro lado, os filhos aprendem da sua família não só o bem, mas também a enfrentar a dor, o mal, a violência que dilaceram a vida da humanidade.

É bom repetir aqui, mas ilustrando com as palavras do papa Francisco, o discurso que já fizemos, na *parte primeira*, a propósito do "princípio personalista" na família. O relato bíblico inicia-se recordando que Deus criou o ser humano à imagem e semelhança sua. O autor sagrado fala no singular: "*o* criou", mas acrescenta logo, passando para o plural, "macho e fêmea *os* criou" (Gn 1,27).

É como dizer: o homem, exatamente porque foi criado à imagem de Deus, não é alguém isolado, um ser fechado em si; a pessoa humana é por sua natureza um "ser em relação", intrinsecamente "social", à imagem de Deus, que é Trindade; as relações humanas interpessoais são relações de comunhão e de amor, à imagem das relações da Trindade: "Deus criou o homem à sua imagem e semelhança: ao chamá-lo à existência por amor, ao mesmo tempo o chamou para o amor".[4] "Surpreendentemente – conclui Francisco –, a 'imagem de Deus' tem como paralelo explicativo precisamente o casal 'homem e mulher'" (n. 10). "Desde o princípio – comenta o Concílio – 'homem e mulher [Deus] os criou' e a sua união constitui a primeira forma de comunhão entre pessoas. Pois o homem, por sua própria natureza, é um ser social que não pode viver nem desenvolver as suas qualidades sem entrar em relação com os outros".[5]

A Escritura, porém, insiste sobretudo no fato de que o amor pertence ao próprio ser da pessoa e orienta essencialmente o homem e a mulher um para o outro, até se tornar, na família,

> não apenas na sua dimensão sexual e corpórea, mas também na sua doação voluntária de amor, [...] quer no abraço físico, quer na união dos corações e das vidas e, porventura, no filho que nascerá dos dois e, em si mesmo, há de levar as duas "carnes", unindo-as genética e espiritualmente (n. 13).

Por isso a família, isto é, a união entre o homem e a mulher fundada no matrimônio, possui – à imagem de Deus – uma tríplice característica: está fundada no amor, é indissolúvel, é fecunda. Amor, indissolubilidade e fecundidade são os três fundamentos que tornam a família humana "imagem e semelhança" da família divina.

---

[4] JOÃO PAULO II, Exortação apostólica *Familiaris consortio* (22.11.1981), n. 11.

[5] *Gaudium et spes*, n. 12.

Se faltar um ou outro destes três elementos essenciais, a relação física em si perde significado. O dom integral do corpo é mentira quando não é expressão do dom total da própria interioridade da pessoa:

> A doação total seria falsa se não fosse sinal e fruto da doação pessoal total, na qual toda a pessoa, mesmo na sua dimensão temporal [até à morte], está presente: se a pessoa se reservasse alguma coisa ou a possibilidade de decidir de modo diferente para o futuro, só por isto já não se doaria totalmente.[6]

Esta é a razão pela qual as relações pré-matrimoniais e extraconjugais não têm significado, por não serem elas expressão sincera de uma doação interior total, indissolúvel, de toda a vida e para toda a vida.

Quando, porém, com o matrimônio se realiza uma doação pessoal total, então o ato conjugal se torna o vértice do diálogo afetivo, o momento de maior intensidade sacramental da vida matrimonial, porque reflete a mesma união, a comunicação de amor de Cristo pela Igreja.

Por isso – insiste o papa Francisco –, para superar a crise gravíssima da família, é urgente, no contexto sociocultural do nosso tempo, voltar a basear a família como é vista por Deus, no seu valor absoluto, à luz da Palavra. No entanto, o papa Francisco – também neste caso – prefere fazer mais um discurso pastoral a um discurso doutrinal e exegético. O modo mais eficaz de defender a família é demonstrar nos fatos, com a vida, que a fé na Palavra de Deus obtém aos esposos a graça divina e torna concretamente possível um modelo de família feliz que para muitos parece impossível.

Não basta proclamar isto com palavras. As pessoas estão hoje cansadas de palavras. Precisam de testemunhos. Precisam encontrar famílias concretas, prontas a dar razão da sua experiência positiva, que vivam na fé com alegria o sacramento do Matrimônio, deixando transparecer o mistério grande da união de Cristo com a Igreja, da qual a Escritura fala.

Noutras palavras, para curar a família é preciso partir de novo da fé na Palavra de Deus e da necessidade da graça:

---

6 JOÃO PAULO II, Exortação apostólica *Familiaris consortio* (22.11.1981), n. 11.

Com este olhar feito de fé e amor, de graça e compromisso, de família humana e Trindade divina, contemplamos a família que a Palavra de Deus confia nas mãos do marido, da esposa e dos filhos, para que formem uma comunhão de pessoas que seja imagem da união entre o Pai, o Filho e o Espírito Santo. Por sua vez, a atividade geradora e educativa é um reflexo da obra criadora do Pai. A família é chamada a compartilhar a oração diária, a leitura da Palavra de Deus e a comunhão eucarística, para fazer crescer o amor e tornar-se cada vez mais um templo onde habita o Espírito (n. 29).

O papa Francisco conclui:

Como cristãos, não podemos renunciar a propor o matrimônio, para não contradizer a sensibilidade atual, para estar na moda, ou por sentimentos de inferioridade ante o descalabro moral e humano; estaríamos privando o mundo dos valores que podemos e devemos oferecer. É verdade que não tem sentido limitar-nos a uma denúncia retórica dos males atuais, como se isso pudesse mudar qualquer coisa. De nada serve também querer impor normas pela força da autoridade. É-nos pedido um esforço mais responsável e generoso, que consiste em apresentar as razões e os motivos para se optar pelo matrimônio e a família, de modo que as pessoas estejam mais bem preparadas para responder à graça que Deus lhes oferece (n. 35).

3. À luz do ensinamento da Igreja (caps. 4-7)

Depois de se referir à Palavra de Deus, o papa Francisco lê a crise atual da família à luz do ensinamento do magistério da Igreja. Esta é a parte mais inovadora e discutida da exortação apostólica pós-sinodal porque, ao tratar do tema das fragilidades que hoje afligem a família e o matrimônio, o papa compromete a Igreja numa "virada" corajosa, sobretudo, do ponto de vista pastoral (cap. 8).

Antes, porém, o documento ressalta e aprofunda, em continuidade com o ensinamento tradicional da Igreja, as três bases da família fundadas no matrimônio entre um homem e uma mulher. São elas: o amor, a indissolubilidade e a fecundidade.

O cap. 4 inteiro é dedicado ao tema do *amor*. Uma verdadeira joia, na qual, partindo do hino à caridade de São Paulo (1Cor 13,4-7), o papa

Francisco traça um quadro fascinante do que ele chama de "caridade conjugal":

> Esta forma muito particular de amor, que é o matrimônio, é chamada a um amadurecimento constante, pois deve aplicar-se-lhe sempre aquilo que São Tomás de Aquino dizia da caridade: "A caridade, devido à sua natureza, não tem um termo de aumento, porque é uma participação da caridade infinita que é o Espírito Santo. [...] E, do lado do sujeito, também não é possível prefixar-lhe um termo, porque, ao crescer na caridade, eleva-se também a capacidade para um aumento maior" (n. 134).[7]

Em segundo lugar, a exortação apostólica acentua a necessidade da *indissolubilidade* do pacto matrimonial, fundado no amor. O papa Francisco pontualiza:

> Não é possível prometer que teremos os mesmos sentimentos durante a vida inteira; mas podemos ter um projeto comum estável, comprometer-nos a amar-nos e a viver unidos até que a morte nos separe, e viver sempre uma rica intimidade. O amor, que nos prometemos, supera toda a emoção, sentimento ou estado de ânimo, embora possa incluí-los. É um querer-se bem mais profundo, com uma decisão do coração que envolve toda a existência (n. 163).

Enfim, o papa retoma o argumento tradicional relativo ao fato de que a família é por sua natureza *fecunda*: quando duas pessoas se amam e se dão mutuamente a vida, o seu amor é sempre fecundo. Gera vida nova. Esta fecundidade intrínseca da família se manifesta em diversos níveis.

Há, antes de tudo, o nível da *fecundidade espiritual*: quer dizer, o amor produz alegria, confiança na vida e em si mesmos, crescimento humano. Desde o primeiro encontro e do noivado, o amor que nasce

---

[7] Para ajudar a "caridade conjugal" a crescer, o papa Francisco volta a recomendar as famosas três palavras, por ele já sugeridas muitas vezes: com licença, obrigado, desculpa. "Quando numa família não somos invasores e pedimos 'com licença', quando na família não somos egoístas e aprendemos a dizer 'obrigado', e quando na família nos damos conta de que fizemos algo incorreto e pedimos 'desculpa', nessa família existe paz e alegria" (n. 133).

da complementariedade dos valores masculinos e femininos constitui um enriquecimento mútuo. Infelizmente, muitas vezes essa fecundidade espiritual se torna árida depois na vida matrimonial, subjugada pela indiferença, pelo hábito, pelo egoísmo. É a primeira forma de esterilidade do casal.

Há, depois, um segundo nível: a *fecundidade física*. Pode-se dizer que a fecundidade espiritual alcança o seu auge na geração física do filho. Na vida de casal, um não pode enriquecer o outro mais do que o tornando pai ou mãe: "O amor conjugal 'não se esgota no interior do próprio casal [...]. Os cônjuges, enquanto se doam entre si, doam para além de si mesmos a realidade do filho, reflexo vivo do seu amor, sinal permanente da unidade conjugal e síntese viva e indissociável do ser pai e mãe'" (n. 165).

Graças, portanto, à fecundidade espiritual e física, a vida de casal se transforma em comunhão familiar. Infelizmente a cultura dominante, além de secar a fecundidade espiritual, tende a tornar difícil também a fecundidade física. Tem-se medo de pôr um filho no mundo porque gerar uma vida nova custa psicológica e economicamente.

Há, enfim, uma *fecundidade social*. A família, com efeito, desempenha um papel de formação humana insubstituível; é a primeira escola de valores sociais, de comunhão, de liberdade e de solidariedade. Não é escola teórica, mas escola de vida. É quase um microcosmo social, onde se aprendem as relações interpessoais, o respeito pela autoridade e pelas pessoas, o sentido do bem comum, da corresponsabilidade e da solidariedade, do diálogo.

Também aqui – repete o papa – cabe às famílias cristãs mostrar com o exemplo que o ideal da família fundada no matrimônio indissolúvel e aberto ao dom da vida não só é possível com a graça de Deus, mas é também belo e fonte de alegria; não só realiza plenamente a pessoa humana, mas é o fundamento insubstituível daquela sociedade mais fraterna e mais justa que todos desejam. O amor e a solidariedade são o vínculo que une os homens entre si não só em família, mas também na sociedade civil.

> Um casal de esposos, que experimenta a força do amor, sabe que este amor é chamado a sarar as feridas dos abandonados, estabelecer a cul-

tura do encontro, lutar pela justiça. Deus confiou à família o projeto de tornar "doméstico" o mundo, de modo que todos cheguem a sentir cada ser humano como um irmão (n. 183).

Fecundidade, portanto, não significa apenas gerar vida nova, mas compreende também o dever da educação. Não se trata apenas de pôr filhos no mundo, mas também de formá-los a uma liberdade responsável (cf. n. 267); sem substituir-se a eles, mas ajudando-os a serem os protagonistas da própria educação. O papa Francisco dedica todo o capítulo 7, extremamente importante, a esta arte necessária, mas difícil, da educação dos filhos.

4. A "virada pastoral" nos casos de fragilidade (cap. 8)

Depois de ter reafirmado e renovado o ensinamento tradicional do magistério sobre os fundamentos essenciais do matrimônio e da família, o papa Francisco volta a atenção para as numerosas e graves fragilidades às quais eles hoje estão amplamente submetidos. Impõe-se por isso uma verdadeira conversão pastoral. Este é o ponto no qual o documento inova profundamente a prática consolidada da Igreja. Esta parte do documento não só era a mais esperada, mas é ainda a mais discutida e difícil de explicar.

O papa Francisco indica três orientações pastorais novas: (a) acompanhar, (b) discernir e integrar, (c) inspirar-se no "realismo de Deus".

a) Acompanhar

> Exige-se a toda a Igreja uma conversão missionária: é preciso não se contentar com um anúncio puramente teórico e desligado dos problemas reais das pessoas. [...] Não se trata apenas de apresentar uma normativa, mas de propor valores, correspondendo à necessidade deles que se constata hoje, mesmo nos países mais secularizados (n. 201).

Quer dizer, é necessário acompanhar os noivos ao altar e os jovens casais nos primeiros passos após o seu matrimônio. Não se trata de oferecer apenas convicções doutrinais nem só os preciosos recursos espirituais que a Igreja pode dar, "mas devem ser também percursos práticos, conselhos bem encarnados, estratégias tomadas da experiência, orientações psicológicas. Tudo isto cria uma pedagogia do amor, que não pode ignorar a sensibilidade atual dos jovens, para conseguir mobilizá-los interiormente" (n. 211).

Particularmente delicado é o acompanhamento nas crises difíceis, pessoais e de casal, que hoje frequentemente afetam a vida conjugal e familiar. É preciso de uma atenção nova de toda a Igreja, especialmente diante dos casos de ruptura e de falência do matrimônio.

> É preciso reconhecer que "há casos em que a separação é inevitável. Por vezes, pode tornar-se até moralmente necessária, quando se trata de defender o cônjuge mais frágil, ou os filhos pequenos, das feridas mais graves causadas pela prepotência e a violência, pela humilhação e a exploração, pela alienação e a indiferença". Mas deve ser considerado um remédio extremo, depois que se tenham demonstrado vãs todas as tentativas razoáveis (n. 241).

O papa sugere para isto seguir, também neste caso, o caminho do discernimento e da integração.

b) Discernir e integrar

Discernimento e integração são necessários, sobretudo diante dos problemas mais graves.

Sobre a tentativa de equiparar os casais homossexuais à família natural, continua firme o julgamento negativo de sempre: "quanto aos projetos de equiparação ao matrimônio das uniões entre pessoas homossexuais, não existe fundamento algum para assimilar ou estabelecer analogias, nem sequer remotas, entre as uniões homossexuais e o desígnio de Deus sobre o matrimônio e a família" (n. 251).

Mais articulada, porém, deve ser a atitude pastoral da Igreja diante das situações ditas "irregulares". "Deve ficar claro que este não é o ideal que o Evangelho propõe para o matrimônio e a família" (n. 298). Dito isto, no caso tanto das convivências ou casais de fato como de quem contraiu apenas o matrimônio civil, o acompanhamento pastoral consistirá em valorizar aqueles "sinais de amor que refletem de algum modo o amor de Deus", procurando transformá-los em "oportunidades de caminho para a plenitude do matrimônio e da família à luz do Evangelho" (n. 294).

Mais complicado, porém, é o caso dos divorciados recasados. Em primeiro lugar,

> quanto às pessoas divorciadas que vivem numa nova união, é importante fazer-lhes sentir que fazem parte da Igreja, que "não estão excomungadas" nem são tratadas como tais, porque sempre integram a comunhão eclesial. Estas situações "exigem um atento discernimento e um acompanhamento com grande respeito, evitando qualquer linguagem e atitude que as faça sentir discriminadas e promovendo a sua participação na vida da comunidade. Cuidar delas não é, para a comunidade cristã, um enfraquecimento da sua fé e do seu testemunho sobre a indissolubilidade do matrimônio; antes, ela exprime precisamente neste cuidado a sua caridade" (n. 243).

O papa não hesita em afirmar, com os padres sinodais, que "os batizados que se divorciaram e voltaram a casar civilmente devem ser mais integrados na comunidade cristã sob as diferentes formas possíveis, evitando toda a ocasião de escândalo" (n. 299). Contudo, dada a inumerável variedade das situações concretas, não é possível fixar "uma nova normativa geral de tipo canônico, aplicável a todos os casos", mas os presbíteros, "no foro interno", deverão fazer "um responsável discernimento pessoal e pastoral dos casos particulares" e "acompanhar as pessoas interessadas pelo caminho do discernimento segundo a doutrina da Igreja e as orientações do bispo" (n. 300).

A esta altura se coloca o problema: até que ponto se poderá levar a *integração* na vida eclesial dos batizados divorciados e recasados civilmente. Aqui está a maior novidade da exortação apostólica, a qual supera os limites da disciplina canônica precedente e chega a considerar a possibilidade do acesso aos sacramentos e à Eucaristia. No entanto, o papa faz isso só em duas breves notas, não no texto!

Com efeito, depois de ter dito que, à luz do discernimento, "o grau de responsabilidade não é igual em todos os casos" e que por isto "as consequências ou efeitos de uma norma não devem necessariamente ser sempre os mesmos" (n. 300), na nota 336 acrescenta: "E também não devem ser sempre os mesmos na aplicação da disciplina sacramental, dado que o discernimento pode reconhecer que, numa situação particular, não há culpa grave".

Este é o ponto mais delicado. Como é possível – perguntam os críticos do papa Bergoglio – que a situação ou as circunstâncias possam permitir fazer em boa consciência o que é "irregular" e que a lei moral qualifica como intrinsecamente mau?

O papa Francisco responde:

> A Igreja possui uma sólida reflexão sobre os condicionamentos e as circunstâncias atenuantes. Por isso, já não é possível dizer que todos os que estão numa situação chamada "irregular" vivem em estado de pecado mortal, privados da graça santificante. Os limites não dependem simplesmente de um eventual desconhecimento da norma. Uma pessoa, mesmo conhecendo bem a norma, pode ter grande dificuldade em compreender os valores inerentes à norma ou pode encontrar-se em condições concretas que não lhe permitem agir de maneira diferente e tomar outras decisões sem uma nova culpa. Como bem se expressaram os Padres sinodais, pode haver fatores que limitam a capacidade de decisão (n. 301).

Por isso, para resolver a tensão entre consciência subjetiva e objetividade da lei, o papa Francisco insiste na necessidade de se recorrer ao "discernimento" e ao diálogo.

O "discernimento" é necessário não apenas nos casos mais difíceis, mas deveria ser o estilo pastoral comum; trata-se de se abrir à Palavra de Deus para orientar a vida concreta de cada fiel. O papa especifica:

> Por causa dos condicionalismos ou dos fatores atenuantes, é possível que uma pessoa, no meio de uma situação objetiva de pecado – mas subjetivamente não seja culpável ou não o seja plenamente –, possa viver em graça de Deus, possa amar e possa também crescer na vida de graça e de caridade, recebendo para isso a ajuda da Igreja (n. 305).

E, em nota (nota 351), acrescenta:

> Em certos casos, poderia haver também a ajuda dos sacramentos. Por isso, "aos sacerdotes, lembro que o confessionário não deve ser uma câmara de tortura, mas o lugar da misericórdia do Senhor". E de igual

modo assinalo que a Eucaristia "não é um prêmio para os perfeitos, mas um remédio generoso e um alimento para os fracos".

Como se vê, o papa não dá uma resposta seca: "pode-se" ou "não se pode", mas a disciplina pastoral é aplicada em grau diferente de responsabilidade pessoal. A velha normativa canônica não é substituída por uma nova disciplina, mas se deixa a sua determinação, caso a caso, ao discernimento pastoral.

Não é de admirar que esta novidade tenha produzido confusão e perturbação em muitos, pois estavam habituados a seguir normas rígidas e claras. O próprio papa, não sendo possível dar indicações precisas válidas para todos os casos, envolve todos (fiéis e agentes pastorais) num esforço comum de discernimento evangélico e eclesial. Por isso não se exclui que se sigam esclarecimentos ulteriores às indicações essenciais da exortação apostólica para ajudar numa homogeneidade pastoral, que deem o sentido de um caminho eclesial, evitando o perigo de cair numa mentalidade individualista ou até privatista. A esta altura, porém, é preciso inserir o discurso sobre a relação entre misericórdia e justiça, que deverá iluminar e guiar o necessário discernimento pastoral.

c) Inspirar-se no "realismo de Deus"

"A ênfase dada à misericórdia – explica o papa – põe-nos diante da realidade de maneira realista, e não com um realismo qualquer, mas com o 'realismo de Deus'."[8] É a verdadeira resposta do papa Francisco aos seus críticos. E continua:

> Não se trata de não propor o ideal evangélico, não, não se trata disto. Ao contrário, [o "realismo de Deus"] convida-nos a vivê-lo dentro da história, com tudo o que comporta. E isto não significa não ser claros na doutrina, mas evitar cair em juízos e atitudes que não assumem a complexidade da vida. [...] Compreendo aqueles que preferem uma pastoral mais rígida que não deixe espaço a qualquer confusão, com-

---

[8] PAPA FRANCISCO, *Discurso na abertura do Congresso Eclesial da Diocese de Roma*, Basílica São João do Latrão, 16.06.2016, n. 2. Disponível em: <https://w2.vatican.va/content/francesco/pt/speeches/2016/june/documents/papa-francesco_20160616_convegno-diocesi-roma.html>.

preendo-os. Mas penso sinceramente que Jesus deseja uma Igreja atenta ao bem que o Espírito espalha no meio da fragilidade: uma Mãe que, no mesmo momento em que expressa claramente o seu ensinamento objetivo, "não renuncia ao bem possível, mesmo correndo o risco de se sujar com a lama do caminho". [...] E quem mais sujou as mãos foi Jesus. Jesus sujou-se mais. Não era um "limpo", mas ia ao encontro do povo, entre as pessoas e aceitava-as como eram, não como deviam ser.[9]

A misericórdia, portanto, não é contrária à verdade, não é bondade ou sentimentalismo, mas encarna a verdade na vida. Deus faz isso para o pecador, quando cada vez lhe oferece outra possibilidade para arrepender-se, converter-se e crer.

> Se Deus se detivesse na justiça, deixaria de ser Deus; seria como todos os homens que clamam pelo respeito da lei. A justiça por si só não é suficiente, e a experiência mostra que, limitando-se a apelar para ela, se corre o risco de a destruir. Por isso Deus, com a misericórdia e o perdão, passa além da justiça. Isto não significa desvalorizar a justiça ou torná-la supérflua. Antes pelo contrário!

Quem erra deverá expiar a pena; mas expiar a pena não é o fim, e sim o início da conversão, a qual leva a experimentar a ternura do perdão. Deus não rechaça a justiça. Ele a engloba e supera num acontecimento superior no qual se experimenta o amor que é o fundamento da verdadeira justiça.[10]

5. Conclusão

Deixamos a conclusão ao cardeal Schönborn:

> Francisco deu um passo importante ao nos obrigar a esclarecer algo que ficara implícito na *Familiaris consortio* [de João Paulo II] sobre a ligação entre a objetividade de uma situação de pecado e a vida de graça diante de Deus e da sua Igreja e, como consequência lógica, a imputabilidade concreta do pecado.[11]

---

[9] Ibidem.

[10] Cf. PAPA FRANCISCO, *Misercordiae vultus*, bula de proclamação do jubileu extraordinário da misericórdia (11.04.2015), n. 21.

[11] A. SPADARO, Conversazione con il card. Schönborn sull'Amoris laetitia. *La Civiltà Cattolica* III (2016), p. 146.

O passo à frente dado por Francisco em relação ao papa Wojtyla consiste principalmente na

> tomada de consciência de uma evolução objetiva, a dos condiciona-mentos próprios das nossas sociedades. É a mais ampla inclusão no discernimento dos elementos que suprimem ou atenuam a imputabili-dade e no discernimento de um caminho objetivamente significativo para a plenitude do Evangelho. Ainda que este não seja o ideal objetivo, essa não culpabilidade acompanhada de pequenos passos para aquilo a que somos chamados não é pouco aos olhos do bom Pastor. Estamos no coração da vida cristã. Este processo dinâmico tem objetivamente um valor significativo que convém levar em consideração num discer-nimento permeado de misericórdia, quando se trata de pôr-se a ques-tão da ajuda sacramental da Igreja.[12]

A verdadeira novidade do papa Francisco não está na ruptura com o magistério precedente da Igreja, mas num ulterior aprofundamento, à luz tanto da complexidade dos condicionamentos que, na sociedade de hoje, limitam a capacidade de decisão de muitas consciências como do "realismo de Deus".[13]

Um intenso cap. 9, enfim, sobre a espiritualidade da família e uma bela oração à Sagrada Família encerram este excepcional documento pós-sinodal do papa Francisco.

---

[12] Ibidem, p. 147.

[13] Várias críticas se seguiram à publicação da exortação pós-sinodal *Amoris laetitia*. É interessante notar que elas, mais ou menos, são as mesmas que já tinham circulado durante o debate eclesial, por ocasião dos dois Sínodos sobre a família (2014-2015). Mais do que entre teses contraditórias, o confronto é entre duas óticas diversas. Quem critica o papa se coloca na ótica típica do homem que olha a grandeza de Deus criador (juiz e legislador, exigente e severo), como acontecia sobretudo no Antigo Testamento. O papa Francisco, ao contrário, se coloca na ótica de Deus, Pai infinitamente bom e misericordioso, que olha com amor o homem e a sua fragili-dade, como se revelou em Jesus no Evangelho. Cf. B. SORGE, A proposito di alcune critiche recenti a papa Francesco. *Aggiornamenti Sociali* 11 (2016), p. 751-756.

PARTE QUARTA
Orientações de ação

Afinal, a Igreja, nos seus documentos sociais, não se limita a enunciar princípios e a emitir juízos de aprovação ou de condenação [função crítica] sobre as diferentes concepções antropológicas ou ideológicas (racismo, naturalismo, racionalismo, comunismo, liberalismo etc.), mas formula também orientações concretas para a ação social, política e econômica [função profética], dirigindo-se em primeiro lugar aos cristãos, mas também a todos os homens de boa vontade.

Obviamente, não se trata de orientações de natureza técnica, para as quais a Igreja não tem competência. Ao contrário – como já afirmava João XXIII – "compete à Igreja o direito e o dever, não só de tutelar os princípios de ordem ética e religiosa, mas também de intervir com autoridade na esfera da ordem temporal, quando se trata de julgar a aplicação destes princípios a casos concretos".[1]

Assim, na prática, os documentos sociais da Igreja não hesitam em dar indicações operativas sobre temas bastante concretos e importantes como – por exemplo – as relações entre capital e trabalho, o contrato de trabalho, o salário, o direito de família, a propriedade privada e a socialização, o lucro e as regras do mercado, a poupança, o equilíbrio ecológico, o direito internacional, a paz e a guerra, e muitos outros problemas particulares de vida pessoal e social, até aqueles nascidos da aplicação das novas tecnologias à genética humana (experimentos sobre as células estaminais [células-tronco], procriação assistida, eutanásia etc.).

Formando os nossos capítulos apenas "Breve curso", não é possível, obviamente, enfrentar esta massa de orientações operativas que a DSI oferece nos campos mais disparatados da atividade social. Para isto pode servir a edição maior do meu volume *Introdução à Doutrina Social da Igreja*. Por isso, para esta edição menor pensamos que fosse mais útil aprofundar duas orientações gerais e essenciais, sobre as quais o magistério social mais recente continua a insistir. Trata-se de uma dupla urgência: (1) comprometerem-se todos numa "boa política" e (2) realizar na vida da sociedade a síntese entre justiça e misericórdia. Estas duas "orientações de ação" são fundamentais, sobre as quais mais insiste o papa Francisco.

---

[1] JOÃO XXIII, Carta encíclica *Mater et magistra* (15.05.1961), n. 238.

Capítulo IX

Para uma boa política

Não é necessário insistir mais sobre a grave crise que a democracia e a própria política atravessam hoje. A isto já dedicamos o Capítulo V. Permanece ainda aberto, porém, o problema de como se comprometer para resolvê-la.

O papa Francisco enfrenta este tema na exortação apostólica *Evangelii gaudium*.[1] Ele se dirige não apenas aos cristãos, mas também a todos os homens de boa vontade, crentes e não crentes, explicando que a coisa mais importante a fazer é que todos se empenhem na realização de uma "política boa".

O que significa, porém, "boa política"? O papa dedica alguns parágrafos (n. 222-237) da sua exortação apostólica para defini-la e fala de quatro pilares sobre os quais – no seu parecer – é necessário fundar a recuperação da arte política. De fato, escreve o papa: "a política, tão denegrida, é uma sublime vocação, é uma das formas mais preciosas da caridade, porque busca o bem comum. [...] Peço ao Senhor para que nos conceda mais políticos, que tenham verdadeiramente a peito a sociedade, o povo, a vida dos pobres!" (n. 205), capazes exatamente de realizar uma "política boa".

Vejamos quais são os quatro pilares indicados pelo papa Francisco na sua *Evangelii gaudium*. Podemos considerá-los como os quatro

---

[1] PAPA FRANCISCO, Exortação apostólica *Evangelii gaudium* (24.11.2013). Os números citados no texto entre parênteses se referem a este documento.

pontos cardeais da "bússola da boa política". São eles: (1) a tensão ética e ideal; (2) a laicidade; (3) o bem comum; (4) o espírito de serviço.

1. A tensão ética e ideal

O primeiro pilar – ou ponto cardeal – de uma boa política é a sua inspiração ética ou tensão ideal.

Hoje – explica o papa Francisco – são fortes a preocupação e a tendência a conquistar espaços sempre maiores de poder, para obter em tempo breve resultados imediatos, dada a urgência das necessidades prementes. Introduz-se assim uma dicotomia absoluta com a outra urgência que a política tem de um programa corajoso de reformas, cuja implementação exige prazos médio a longos.

A dificuldade em compor estas duas urgências ficou maior pela atual crise de valores, que induz quem tem o poder a pospor os valores à eficácia, a qualidade à quantidade, e isso agrava a crise da política. Por conseguinte, para a realização de uma "boa política" é preciso mudar de mentalidade.

O tempo é superior ao espaço (n. 222-225), afirma o papa Francisco, para sublinhar que os valores transcendentes não podem ser sacrificados aos resultados imediatos da lógica econômica. "Estou convencido – explica – de que, a partir de uma abertura à transcendência, poder-se-ia formar uma nova mentalidade política e econômica que ajudaria a superar a dicotomia absoluta entre a economia e o bem comum social" (n. 205). A elaboração de um programa social inspirado nos valores transcendentes deveria sempre ter prioridade e orientar a aquisição igualmente necessária de novos espaços de poder.

2. A laicidade

O segundo pilar – ou ponto cardeal – da bússola política é o da "laicidade positiva". Não se trata da velha laicidade iluminista que eliminava Deus do horizonte humano. É a laicidade que se impõe hoje como pressuposto da globalização, ou seja, sinônimo de solidariedade e daquela "cultura do encontro", cara ao papa Francisco, necessária para chegar a viver unidos no respeito pela diversidade. Para o século XXI, no nosso mundo globalizado, é indispensável viver unidos, respeitando-nos como diferentes.

Apesar disso, a conflitualidade será sempre ineliminável da vida social e política:

> O conflito – escreve o papa Francisco – não pode ser ignorado ou dissimulado; deve ser aceito. Mas, se ficamos encurralados nele, perdemos a perspectiva, os horizontes reduzem-se e a própria realidade fica fragmentada. Quando paramos na conjuntura conflitual, perdemos o sentido da unidade profunda da realidade (n. 226).

A laicidade positiva, ao contrário, identifica-se com "um estilo de construção da história, um âmbito vital onde os conflitos, as tensões e os opostos podem alcançar uma unidade multifacetada que gera nova vida" e desenvolve uma "comunhão nas diferenças" (n. 228).

O conceito novo de laicidade positiva consiste em partir do que une para crescer rumo a uma unidade sempre maior, no pleno respeito pela identidade de cada um; não diz respeito, portanto, apenas às relações entre Estado e Igreja. Com efeito, os conceitos de laicidade e de confessionalidade não têm apenas uma valência de natureza religiosa; existem também uma laicidade e uma confessionalidade de natureza política e ideológica, de modo que para uma "boa política" é necessário ir além de todos os dogmatismos, religiosos e políticos, que existem não só nas relações entre política e religião, mas também nas relações dos partidos entre eles, bem como entre os povos em nível de política internacional. O papa Francisco acentua esta necessidade quando afirma que "a unidade prevalece sobre o conflito" (n. 226-230).

3. O bem comum

O terceiro pilar – ou ponto cardeal – da "boa política" está em manter sempre a primazia do bem comum, também quando o poder é exercido em defesa de interesses pessoais ou particulares. Realmente – acentua o papa Francisco – "o todo é superior à parte" (n. 234-237). Para uma boa política é necessário, por um lado, enfrentar os problemas locais tendo presente a sua dimensão global, para não cair no localismo e no provincialismo; por outro lado, é necessário enfrentar os problemas gerais sem deixar de lado a sua repercussão local, para não se perder no genérico e no abstracionismo: "É preciso alargar sempre o olhar para reconhecer um bem maior que trará benefícios a todos nós. [...] Trabalha-se no pequeno, no que está próximo, mas com uma perspectiva mais ampla" (n. 235). Hoje se fala exatamente de "glo-cal", um feio neologismo que une os dois conceitos de *glo*bal e de lo*cal*.

Concretamente, a primazia do bem comum (dos grupos, da sociedade e do Estado) supõe sempre e se funda no primado da pessoa humana (com a sua dignidade e com os seus direitos inalienáveis). Com efeito, a sociedade – já vimos isto no Capítulo II sobre o "princípio do personalismo" – não é um rótulo que se acrescenta do lado de fora, mas nasce de dentro mesmo da pessoa (enquanto esta é um "ser-em-relação"). Por sua vez, a sociedade vem antes do Estado, o qual é apenas o órgão político da sociedade, ou seja, a própria sociedade que se organiza politicamente e usa o "poder" para tutelar o bem comum dos cidadãos, individuais e associados. Todos somos responsáveis pelo bem de todos e cada um de nós está envolvido com a sua peculiaridade.

O papa Francisco ilustra este terceiro pilar da boa política recorrendo à imagem do poliedro:

> O modelo não é a esfera [...], na qual cada ponto é equidistante do centro, não havendo diferenças entre um ponto e o outro. O modelo é o poliedro, que reflete a confluência de todas as partes que nele [no bem comum] mantêm a sua originalidade. Tanto a ação pastoral como a ação política procuram reunir nesse poliedro o melhor de cada um. Ali entram os pobres com a sua cultura, os seus projetos e as suas próprias potencialidades (n. 236).

4. O espírito de serviço

Enfim, tendo a finalidade de alcançar o bem comum, a "boa política" deverá fazer seu o estilo do serviço. Quer dizer, ela deverá estimular mais a participação responsável dos cidadãos do que a sua submissão passiva; deverá realizar a síntese entre "subsidiariedade" e "solidariedade".

Para isto – diz o papa Francisco –, quem é chamado a exercer o "poder" com vistas à "boa política" deverá ter, antes de tudo, presente que "A realidade é mais importante que a ideia" (n. 231-233). Noutras palavras – explica ele – a "boa política" deve incidir sobre a realidade, deve enfrentar os problemas verdadeiros das pessoas, evitando fazer promessas impossíveis, enviando-as às calendas gregas.

> A realidade – escreve o papa – simplesmente é, a ideia elabora-se. Entre as duas, deve estabelecer-se um diálogo constante, evitando que a ideia acabe por separar-se da realidade. [...] Há políticos – e também líderes religiosos – que se interrogam por que motivo o povo não os compreende nem segue, se as suas propostas são tão lógicas e claras. Possivelmente é porque se instalaram no reino das puras ideias e reduziram a política ou a fé à retórica (n. 231-232).

Na prática, falar da política como "serviço" dentro da grave crise presente significa aceitar abertamente o desafio de realizar um reformismo corajoso. Exatamente porque a realidade é mais importante que a ideia, não se pode mais hesitar em tomar as decisões necessárias para mudar efetivamente as coisas, sem adiamentos, mesmo quando o uso do "poder", feito em espírito de serviço, exige enfrentar decisões impopulares, sem temer eventuais reações desordenadas das ruas e dos defensores do *status quo*, alérgicos a toda mudança, que nunca faltam.

> A paz social – conclui o papa – não pode ser entendida como irenismo [...]. Também seria uma paz falsa aquela que servisse como desculpa para justificar uma organização social que silencie ou tranquilize os mais pobres, de modo que aqueles que gozam dos maiores benefícios possam manter o seu estilo de vida sem sobressaltos, enquanto os outros sobrevivem como podem (n. 218).

Em conclusão, o papa Francisco sugere o caminho e oferece a bússola para uma boa política. Ela deverá ser ética e idealmente inspirada, laica ou leiga, orientada ao bem comum e exercida em espírito de serviço. Será a boa política que permitirá superar a grave crise atual na qual ela hoje caiu. E isto favorecerá a construção de uma sociedade renovada, animada pela cultura do encontro, baseada naqueles valores fundamentais de natureza transcendente que, enquanto tais, são compartilháveis por todos os homens de boa vontade.

5. O que fazer? Criar um espaço político novo

Os sinais que vêm da sociedade civil e da própria vida política confirmam que a velha forma de partido e bloco entre coalisões políticas paradas numa superada visão ideológica dos problemas ou fechadas na defesa de interesses particulares é agora anacrônica e insustentável. É urgente, portanto, que nasça um reformismo novo; não outro partido, mas um espaço político novo, em que movimentos e partidos, associações e centros sociais, grupos e cidadãos individuais possam juntos elaborar um projeto novo para o país, fundado no *éthos* personalista, comunitário e solidário, que é o DNA da nossa cultura e da nossa gente.

Não há mais tempo a perder. É preciso logo abrir espaço nas cidades e nas regiões a uma espécie de nova "fase constituinte" que favoreça o consenso da sociedade civil em torno de um novo projeto político-programático, aberto a todos os homens de boa vontade, a todos os "livres e fortes" de padre Sturzo.

A intuição do "popularismo" sturziano ainda é o antídoto mais eficaz contra o desvio do "populismo" e da "antipolítica" – os dois males mortais que nos nossos dias insidiam a democracia –, e, ao mesmo tempo, permanece até hoje a tradição mais coerente e insuperada do que a Doutrina Social da Igreja ensina acerca do compromisso político dos cristãos. Inclusive a insistência na necessidade de promover a "cultura do encontro", que o papa Francisco – pastor de "uma Igreja em saída" – dirige indistintamente a todos, lembra o *Apelo* que, em 18 de janeiro de 1919, padre Sturzo dirigiu não só aos católicos, mas a todos "os livres e fortes", crentes e não crentes.

É importante, portanto, aprofundar esta convergência do ensinamento da *Evangelii gaudium* com os elementos fundamentais do popularismo sturziano. Por isso, daremos três passos: (1) antes de tudo, recordaremos quais são os elementos fundamentais do popularismo sturziano; (2) depois, veremos o projeto de padre Sturzo que até agora não pôde se realizar plenamente; (3) enfim, esclareceremos em que sentido alguns parágrafos da exortação apostólica *Evangelii gaudium* constituem de fato – sem o querer ser diretamente – uma releitura atualizada do popularismo sturziano.

6. Os elementos fundamentais do populismo sturziano

Mais do que uma elaboração doutrinal, o popularismo foi uma intuição. Sturzo não concebeu o popularismo teoricamente, não o deduziu do alto da reflexão filosófica, mas o amadureceu partindo de baixo, do campo concreto da ação social, no contato direto com as lutas camponesas, na defesa das camadas médio-baixas, desempenhando as funções administrativas que lhe foram confiadas. Diante da necessidade de harmonizar as diferentes instâncias locais, as necessidades e as expectativas das classes populares, tendo em vista o bem comum nacional, a originalidade do popularismo está em ter intuído que o antídoto mais eficaz contra o populismo reside em harmonizar aqueles elementos que Sturzo considera os quatro elementos fundamentais da boa política, os quais coincidem extraordinariamente com os quatro pontos cardeais da "boa política" indicados hoje pelo papa Francisco.

a) Inspiração religiosa

O primeiro elemento de uma boa política está – segundo padre Sturzo – em pôr a inspiração religiosa como garantia dos direitos civis e das liberdades fundamentais. Ele parte do pressuposto de que é necessária uma inspiração transcendente da política. A dimensão religiosa (concretamente, a cristã), no pleno respeito pela laicidade – explica –, não pode não ter importância também política, porque é "a realização concreta da necessidade do absoluto", sobre o qual se fundam direitos e deveres; "o erro moderno consistiu em separar e contrapor humanismo e cristianismo: do humanismo se fez uma entidade divina; da religião cristã, um assunto privado [...]. É preciso restabelecer a união e a síntese entre o humano e o cristão".[2] Nisto Sturzo antecipa o que também autorizados expoentes da cultura leiga contemporânea (de Benedetto Croce a Norberto Bobbio) afirmam sobre a necessidade de que a política seja alimentada por valores transcendentes de origem religiosa. Sturzo, que

---

[2] L. STURZO, *Política e morale*. Bologna: Zanichelli, 1972, p. 130.

sempre se opôs decididamente a toda forma de confessionalismo, mesmo disfarçado, compreendeu que a inspiração religiosa era necessária para a política. Até Benedetto Croce admitiu isso. Ele sustentava que nenhum modelo de sociedade podia ficar em pé sem um fundamento ético, mas – acrescentava – nenhum fundamento ético válido podia existir sem o fundamento de uma consciência religiosa. Em todo caso, Sturzo, defensor convicto da laicidade da política, sustentava que a necessária inspiração não deveria traduzir-se na referência formal ao nome "cristão" (de fato, ele sempre foi contrário ao nome "democracia cristã"), muito menos no rigor moral e na tensão ideal do serviço.

b) Laicidade

"Popularismo" – diz Sturzo –, em segundo lugar, é dar voz a uma tendência da base social do país, de todos os "livres e fortes" (crentes e não crentes) que se reconhecem num programa de coisas a fazer, inspirado nos valores de um humanismo transcendente, mas mediados em escolhas leigas, compartilháveis por todos os homens de boa vontade, em vista do bem político comum, que é laico. Também a nossa Constituição republicana demonstra que essa intuição era realizável, pois os valores inspiradores da Constituição são claramente leigos, mas, ao mesmo tempo, concordam com os princípios fundamentais da Doutrina Social da Igreja: primazia da pessoa, solidariedade, subsidiariedade, bem comum.

c) Territorialidade

Sturzo também estava persuadido de que um popularismo autêntico podia nascer apenas da base: a sociedade vem antes do Estado. Estava convencido, por isso, do papel insubstituível das autonomias locais, após a experiência direta que fez disso como conselheiro comunal e provincial e como vice-prefeito de Caltagirone. Vem daí o seu compromisso regionalista, que usou para pôr uma barreira ao desvio do individualismo liberalista e populista.

d) Reformismo corajoso e responsável

Dos elementos fundamentais anteriores, Sturzo derivava o quarto, ou seja, a natureza necessariamente reformista do popularismo. O primado da sociedade civil – diz Sturzo – leva direto ao rechaço do "conservadorismo" e do "moderantismo" e à procura de um reformismo corajoso e responsável:

> Os conservadores – assim conclui o famoso discurso de Caltagirone (24 de dezembro de 1905) – são fósseis, para nós, embora sejam católicos; não podemos assumir nenhuma responsabilidade nisso. Alguém dirá: isso rachará as forças católicas. Se é assim, que seja. [...] Duas forças contrárias que se chocam param o movimento e paralisam a vida.

O verdadeiro reformismo, segundo Sturzo, deve estar fundamentado no nexo entre subsidiariedade e solidariedade.

> Os mundos vitais, as classes, os municípios, as províncias, as regiões são – na concepção popular sturziana – os órgãos naturais da sociedade. Cada um desses órgãos tem as suas características, a sua autonomia, a sua razão de ser que ninguém pode violar. Na solidariedade desses órgãos entre eles e em vista do bem comum está a força do reformismo democrático, que leva o Estado a ser sempre mais uma expressão adequada da sociedade, das suas exigências, das suas aspirações.[3]

7. Um projeto até agora nunca realizado

Esse popularismo, assim como padre Sturzo o tinha exposto no *Appello ai liberi e forti*, revelou-se uma intuição prematura. Na realidade, o projeto sturziano nunca pôde ser plenamente realizado. O Partido Popular, fundado pelo próprio Sturzo em 18 de janeiro de 1919, que devia ser a tradução fiel da sua intuição, de fato deveria tomar a forma de um dos tantos partidos ideológicos, porque foi obrigado a confrontar-se com os partidos que se inspiravam na ideologia socialista, na ideologia liberal e na ideologia fascista. Ademais, teve vida curta e não teve tempo de se enraizar na sociedade: incompreendido e obstaculizado também pela Igreja, foi suprimido por Mussolini em 1926.

Tampouco a DC (Democracia Cristã) de De Gasperi, nascida na clandestinidade em 1944, embora se inspirando em Sturzo, realizou

---

[3] B. SORGE, *Cattolici e politica*. Roma: Armando, 1991, p. 276s.

plenamente o seu projeto. O partido do Escudo Cruzado deveria acertar as contas – externamente – com as condições da reconstrução pós-guerra, impostas pelos vencedores da guerra, e – internamente – com um mundo católico que, tendo passado por vinte anos de fascismo, conseguira sobreviver, mas não desenvolver uma visão política autônoma. O Concílio Vaticano II não estava sequer no horizonte. O próprio Sturzo nunca considerou a DC como a realização do "seu" popularismo.

Depois do fim da DC, decapitada por Tangentopoli, foram muitos os católicos que viram com esperança o nascimento do novo Partido Popular Italiano de Mino Martinazzoli, em 18 de janeiro de 1994. Falou-se muito de "neopopularismo", ou seja, de uma atualização da intuição sturziana, mas o salto de qualidade não aconteceu. Em vez de dar vida a um novo popularismo, acabou-se reenvernizando a velha DC. No lugar dos neopopulares nasceram os novos democratas cristãos. Com efeito, o PPI de Martinazzoli aparecia, estruturado ainda segundo os esquemas da forma ideológica de partido, exatamente no momento em que as velhas ideologias estavam chegando ao fim. As experiências sucessivas de Margherita (2002), de Ulivo (2004) e do Partido Democrático (2007), embora se movendo na ótica da cultura do encontro, característica do popularismo sturziano, levaram de fato a coalizões de comprometimento e a um progressivo esvaziamento do ideal original. O que faltou ou o que não funcionou?

8. Perspectivas novas abertas pelo papa Francisco

A volta ao Evangelho anunciada e testemunhada pelo papa Francisco tem como objetivo principal pôr de novo em marcha a renovação da vida cristã iniciada pelo Concílio Vaticano II e que ficou incompleta, sobretudo, no que diz respeito à reforma interna da Igreja. Obviamente, a "revolução" do papa Francisco, com a sua chamada à autenticidade da fé, abre horizontes novos também para o compromisso social e político dos cristãos.

Ora, vimos que, exatamente sobre este tema específico da "boa política", alguns parágrafos da exortação apostólica *Evangelii gaudium*[4]

---

[4] Cf. Il bene comune e la pace sociale. *Aggiornamenti Sociali*, n. 2 (2014), p. 102-106, que repropõe exatamente o texto dos números 217-237 da *Evangelii gaudium*.

– em plena continuidade com o Concílio e com o magistério social recente – repropõem um ideal de política boa, entendida como vocação e não como profissão. Seja-nos permitido repetir a bela citação das palavras do papa:

> A política, tão denegrida, é uma sublime vocação, é uma das formas mais preciosas da caridade, porque busca o bem comum. Temos de nos convencer que a caridade "é o princípio não só das microrrelações estabelecidas entre amigos, na família, no pequeno grupo, mas também das macrorrrelações como relacionamentos sociais, econômicos, políticos" [Bento XVI, *Caritas in veritate*, n. 2]. Rezo ao Senhor para que nos conceda mais políticos, que tenham verdadeiramente a peito a sociedade, o povo, a vida dos pobres (n. 205).

A esta altura o papa propõe a todos aquela espécie de "bússola para a boa política", que expusemos na primeira parte deste Capítulo IX. É impressionante a coincidência dos quatro critérios enunciados por papa Francisco com os quatro elementos fundamentais do popularismo sturziano. Realmente, não nos parece forçado afirmar que estes oferecem uma releitura atualizada e ampliada deles.

a) À luz do valor transcendente da existência humana, o papa afirma que a precedência deve mais se comprometer a iniciar os processos de mudança do que se preocupar em adquirir espaços sempre mais amplos de poder ("O tempo é superior ao espaço"). Como a semente precede a colheita, assim a elaboração de um projeto, inspirado nos valores transcendentes, deve preceder o compromisso de aumentar o espaço quantitativo do consenso e do poder. Hoje é tempo de semear, não de colher.

Assim dizendo, o papa faz uma releitura ampliada do que padre Sturzo já dizia quando, excluído todo confessionalismo e clericalismo, divisava na inspiração transcendente da religião uma condição necessária para iniciar os processos de reforma, exigência de uma boa política.

b) O segundo critério evangélico de uma boa política está – para o papa Francisco – na "cultura do encontro", ou seja, em aprender a viver unidos respeitando-nos na nossa diversidade: "a unidade é superior ao conflito". A cultura do encontro fundamenta-se na chamada "laicidade positiva", necessária para superar os inevitáveis conflitos da vida política e "desenvolver uma comunhão nas diferenças" (n. 228) num modo que se globaliza. Isto é, laicidade se torna sinônimo de solidariedade, ou seja, torna-se "um estilo de construção da história, um âmbito vital onde os conflitos, as tensões e os opostos podem alcançar uma unidade multifacetada que gera nova vida" (n. 228). Isto é, vale não só nas relações entre Estado e Igreja, mas também nas relações entre partidos e grupos ideológicos diferentes, não menos que entre os povos em nível internacional.

É o mesmo conceito de "laicidade positiva" enunciado por Bento XVI no discurso no Eliseu em 12 de setembro de 2008:

> Neste momento histórico em que as culturas se entrecruzam sempre mais, estou profundamente convicto de que se tornou necessária uma nova reflexão sobre o verdadeiro sentido e sobre a importância da laicidade. De fato, é fundamental, por um lado, insistir sobre a distinção entre o âmbito político e o religioso, para tutelar quer a liberdade religiosa dos cidadãos quer a responsabilidade do Estado em relação a eles, e, por outro, consciencializar-se mais claramente da função insubstituível da religião na formação das consciências e da contribuição que a mesma pode dar, juntamente com outras instâncias, para a criação de um consenso ético fundamental na sociedade.

Portanto, também o segundo critério evangélico proposto pelo papa Francisco pode ser considerado uma ampliação do que Sturzo dizia sobre a superação do velho conceito iluminista de laicidade, diante da necessidade da política, que, embora sendo leiga e devendo permanecer leiga, não pode deixar de alimentar-se também na dimensão transcendente da consciência religiosa.

c) O terceiro critério evangélico – explica o papa Francisco – pede que se faça política pensando de modo universal, enquanto se age no particular: "O todo é superior à parte". Quer dizer, é necessário prestar atenção à dimensão global dos problemas, para não cair no provincialismo e no localismo; ao mesmo tempo, porém, não se perca de vista a dimensão local dos problemas, para não acabar no genérico ou no abstracionismo.

Também este é um modo ampliado de entender o territorialismo de padre Sturzo. É a tradução política da exortação religiosa insistente do papa Francisco: "Ide às periferias!".

d) Finalmente, o quarto critério evangélico proposto pelo papa Francisco para uma "boa política" diz respeito ao risco, bastante frequente, de formular propostas e promessas claras, lógicas e sedutoras, mas irrealizáveis, distantes da concretude da realidade. É a dificuldade de traduzir as ideias em realidade: "A realidade é superior à ideia". Também isto é uma ampliação do discurso que Sturzo fazia sobre a necessidade de um reformismo corajoso e responsável, em condições de envolver diretamente o interesse e a participação dos cidadãos, juntando subsidiariedade e solidariedade. Bento XVI já notara isto. Depois de ter encorajado a necessidade de "incentivar a colaboração fraterna entre crentes e não crentes na perspectiva comum de trabalhar pela justiça e a paz da humanidade", o papa Ratzinger sublinhava:

> O princípio de subsidiariedade há de ser mantido estritamente ligado com o princípio de solidariedade e vice-versa, porque, se a subsidiariedade sem a solidariedade decai no particularismo social, a solidariedade sem a subsidiariedade decai no assistencialismo que humilha o sujeito necessitado.[5]

Qual é, portanto, o sentido destes critérios propostos pelo papa Francisco? Não é, certamente, uma intrusão no plano político. Ele mesmo explica isto:

> No diálogo com o Estado e com a sociedade, a Igreja não tem soluções para todas as questões específicas. Mas, juntamente com as várias forças sociais, acompanha as propostas que melhor correspondam à dignidade da pessoa humana e ao bem comum. Ao fazê-lo, propõe sempre com clareza os valores fundamentais da existência humana, para transmitir convicções que possam depois se traduzir em ações políticas (n. 241).

Concluindo, devemos dizer que hoje é possível reatualizar o popularismo sturziano, como compromisso de todos por uma boa política, devidamente repensado, pois interessa não só aos cristãos comprometidos em política, mas é um instrumento válido – oferecido a "todos os livres e fortes" (não só aos cristãos) – para superar a grave crise política

---

[5] BENTO XVI, Carta encíclica *Caritas in veritate* (29.06.2009), n. 58.

atual. Ao mesmo tempo, o ensinamento do papa Francisco abre aos cristãos comprometidos em política perspectivas novas e mais amplas. É o chamado não a dar vida a um partido de inspiração cristã, distinto e oposto aos outros, mas a serem todos missionários, ou seja, portadores de um ideal alto de política, fundado na cultura do encontro, iluminado por valores transcendentes e guiado por critérios éticos compartilháveis laicamente por todos.

Capítulo X

Justiça e misericórdia

A segunda "orientação de ação" fundamental, sobre a qual o papa Francisco insiste muito, desde o início do pontificado, mas especialmente durante o ano jubilar 2015-2016, é a relação entre justiça e misericórdia.

Na bula de proclamação do jubileu extraordinário da misericórdia, *Misericordiae vultus*, o papa parte de uma premissa: "A Igreja tem a missão de anunciar a misericórdia de Deus, coração pulsante do Evangelho, que por meio dela deve chegar ao coração e à mente de cada pessoa".[1] No seu livro *O nome de Deus é misericórdia*, diante da difícil crise do mundo de hoje, acrescenta: "Creio que este seja o tempo da misericórdia [...]. A nossa época é um *kairós* de misericórdia, um tempo oportuno".[2] Realmente, a nossa humanidade

> é uma humanidade ferida, uma humanidade que tem feridas profundas. Não sabe como curá-las ou pensa que não seja possível curá-las. E não há só doenças sociais e as pessoas feridas pela pobreza, pela exclusão social, por tantas escravidões do terceiro milênio. Também o relativismo fere muito as pessoas: tudo parece igual, tudo parece o mesmo. Esta humanidade precisa de misericórdia.[3]

---

[1] PAPA FRANCISCO, *Misericordiae vultus* (11.04.2015), n. 12.

[2] PAPA FRANCISCO, *Il nome di Dio è misericordia*. Milano: Piemme, 2016, p. 22.

[3] Ibid., p. 30.

Portanto, por um lado, a Igreja é chamada a anunciar e testemunhar a misericórdia a um mundo que precisa de misericórdia; por outro lado, o mundo hoje prefere falar de justiça, de direitos humanos, de justa distribuição dos bens, de legalidade em nível local e nas relações entre os povos, e considera o discurso sobre a misericórdia como diferente do discurso da justiça e de qualquer modo menos importante. Sem justiça – afirma-se – não há paz, não há verdadeiro desenvolvimento, não há futuro para o mundo globalizado. Visam isto também as grandes Cartas da ONU, relativas aos direitos do homem e à justiça nas relações internacionais.

Ou seja, tende-se a separar o discurso sobre a misericórdia do discurso sobre a justiça, ao ponto de considerá-los totalmente opostos um ao outro. Realmente, a justiça exige que se dê a cada um aquilo que lhe é devido, a misericórdia, porém, pede que se dê ao outro também aquilo que não lhe é devido. A "lógica do direito" – se insiste – é diferente da "lógica do dom" e da gratuidade. A justiça pede a reparação do dano feito ou do direito lesado, a misericórdia, porém, pede o perdão pelo dano recebido e pela injustiça sofrida. A justiça é fria e pune o mal só depois que foi cometido; a misericórdia é amor que não só perdoa o mal cometido, mas leva – na medida do possível – a preveni-lo e a evitá-lo.

No entanto, na realidade, misericórdia e justiça são duas faces da mesma moeda; uma não pode passar sem a outra. Integram-se e completam-se mutuamente. A justiça sozinha não basta para construir a cidade do homem; precisa-se também da misericórdia. Por sua vez, a misericórdia precisa de basear-se na justiça, que é o primeiro degrau do amor.

Vejamos, portanto, de que modo – segundo a DSI – a justiça e a misericórdia são destinadas a encontrarem-se e fundirem-se (1) à luz do Evangelho, (2) na vida social, (3) no compromisso político.

1. Justiça e misericórdia no Evangelho

O rosto de Deus revelado pelas primeiras páginas do Antigo Testamento é o rosto de um juiz justo. Às vezes é também o rosto de um pai, mas sempre muito severo, pronto a punir o seu filho (o povo eleito) em caso de infidelidade.[4]

---

[4] Remetemos aqui a uma página significativa do nosso pequeno volume *Gesù sorride. Con papa Francesco, oltre la religione della paura*. Milano: Piemme, 2014.

A revelação de Deus como Pai amoroso e misericordioso dá-se apenas progressivamente e se desenvolve junto com o crescimento cultural do povo eleito. Na época da primeira revelação divina, as relações humanas, entre parentes, entre soberano e súditos e o próprio matrimônio, baseavam-se não no amor entendido como laço afetivo e sentimental, mas na cultura da legalidade, ou seja, na lei, no direito, no pacto.

Explica-se, portanto, por que a principal categoria com a qual Israel descreve a sua relação com Deus é a categoria da aliança, ou seja, de um pacto que prevê bênção para quem o respeita e maldição para quem o viola. Daí a primeira imagem de Deus como fiador da Aliança, que age de acordo com a justiça: premia o povo quando é fiel e pune-o quando transgride o pacto. É por isso que a religião do povo, no Antigo Testamento, consiste sobretudo na observância rígida da lei e é considerada como mera questão de justiça em relação a Deus.

A revelação de Deus como amor, isto é, como Pai misericordioso, acontece mais tarde e progressivamente. A primeira vez que se fala de Deus que ama se encontra no Deuteronômio: "O Senhor afeiçoou-se a vós e vos escolheu, não por serdes mais numerosos que os outros povos – na verdade sois o menor de todos –, e sim porque o Senhor vos amou" (Dt 7,7-8).

A manifestação do amor gratuito de Deus – a misericórdia – torna-se mais clara através do testemunho dos profetas. Oseias recorre à imagem do amor conjugal para descrever o amor apaixonado de Deus por Israel. Isaías e Jeremias falam de um amor misericordioso que não é apenas *hesedh* (forte, fiel, mas também *rah^{a}mim* (materno, visceral): "Pode uma mulher esquecer seu bebê, deixar de querer bem ao filho de suas entranhas? Mesmo que alguma esquecesse, eu não te esqueceria. Eis que te desenhei na palma das mãos" (Is 49,15-16).

Contudo, a revelação de Deus como amor gratuito e misericordioso alcança a sua plenitude em Cristo. Jesus nos revelou o Pai. Com Jesus, a dimensão jurídica da aliança com Deus não falta, mas a lei é sublimada e encontra o seu cumprimento no amor. Portanto, as imagens de Deus "misericordioso", que não faltam no Antigo Testamento, no Novo Testamento, com Jesus, levam vantagem sobre a imagem de um Deus punitivo, ligado à primazia da lei. A nova aliança não abole a antiga, mas a aperfeiçoa, colocando como seu fundamento não mais o medo dos castigos de um Deus juiz, mas o amor de um Deus que é Pai, o qual dá aos seus filhos o Espírito Santo, que é Amor, e o "mandamento novo" do amor.

> "Ninguém jamais viu a Deus – dirá o apóstolo João –, o Filho único de Deus, que está junto ao Pai, foi quem no-lo deu a conhecer" (Jo 1,18). "Na 'plenitude do tempo' (Gl 4,4), quando tudo estava pronto segundo o seu plano de salvação, mandou o seu Filho, nascido da Virgem Maria, para nos revelar, de modo definitivo, o seu amor. Quem o vê, vê o Pai (cf. Jo 14,9). Com a sua palavra, os seus gestos e toda a sua pessoa, Jesus de Nazaré revela a misericórdia de Deus. [...] Misericórdia: é o caminho que une Deus e o homem, porque nos abre o coração à esperança de sermos amados para sempre, apesar da limitação do nosso pecado."[5]
>
> A misericórdia de Deus não é uma ideia abstrata, mas uma realidade concreta, pela qual ele revela o seu amor como o de um pai e de uma mãe que se comovem pelo próprio filho até ao mais íntimo das suas vísceras. É verdadeiramente caso para dizer que se trata de um amor "visceral".[6]

Este é o verdadeiro rosto de Deus que se revelou visivelmente em Jesus de Nazaré, é o rosto de um Pai misericordioso que sabe dar apenas coisas boas aos filhos que lhe pedem (Mt 7,9-11); que ama muito mais os homens que as aves do céu, às quais nunca deixa faltar a comida, e do que as flores do campo, as quais reveste esplendidamente, apesar de durarem um dia (Mt 6,26s); que faz nascer o sol sobre os maus e os bons e faz chover sobre os justos e os injustos (Mt 5,45). A sua providência nunca vem antecipadamente, nunca vem atrasada, mas vem no momento certo. É um Pai que ama gratuita e indistintamente, com vísceras ao mesmo tempo paternas e maternas (*esplanchnisthê*), todos os seus filhos, mesmo os rebeldes.

Eis, portanto, a "boa notícia", o Evangelho: "Deus é amor" (1Jo 4,8.16), misericordioso, que perdoa tudo e sempre, como afirma o

---

[5] PAPA FRANCISCO, *Misericordiae vultus* (11.04.2015), n. 1-2.

[6] Ibid., n. 6.

evangelista João. Para isto o Verbo se fez carne; não para vir dizer-nos o que já sabíamos, ou seja, que os bons serão premiados e os maus, punidos.

A boa notícia, portanto, é que Deus não raciocina como nós! Para Deus, justiça e misericórdia não são dois aspectos em contraste entre si, mas duas dimensões de uma única realidade que se desenvolve progressivamente até alcançar o seu ápice na plenitude do amor gratuito.

O papa Francisco, na Bula citada, resume assim o discurso que fizemos até aqui sobre a gradualidade da revelação de Deus, na qual justiça e amor misericordioso se encontram:

> Na Bíblia, alude-se muitas vezes à justiça divina, e a Deus como juiz. Habitualmente é entendida como a observância integral da Lei e o comportamento de todo o bom judeu conforme aos mandamentos dados por Deus. Esta visão, porém, levou não poucas vezes a cair no legalismo, mistificando o sentido original e obscurecendo o valor profundo que a justiça possui. Para superar a perspectiva legalista, seria preciso lembrar que, na Sagrada Escritura, a justiça é concebida essencialmente como um abandonar-se confiante à vontade de Deus.[7]
>
> Também o apóstolo Paulo fez um percurso semelhante. Antes de encontrar Cristo no caminho de Damasco, a sua vida era dedicada a servir de maneira irrepreensível a justiça da lei (cf. Fl 3,6). Depois da conversão "muda radicalmente. [...] Paulo agora põe no primeiro lugar a fé, e já não a lei. Não é a observância da lei que salva, mas a fé em Jesus Cristo, que, pela sua morte e ressurreição, traz a salvação com a misericórdia que justifica. A justiça de Deus torna-se agora a libertação para quantos estão oprimidos pela escravidão do pecado e todas as suas consequências. A justiça de Deus é o seu perdão" (cf. Sl 51/50,11-16).[8]

Em conclusão: segundo a revelação cristã, a misericórdia não é contrária à justiça, mas exprime o comportamento de Deus para com o pecador, oferecendo a ele uma possibilidade ulterior para arrepender-se, converter-se e crer:

---

[7] PAPA FRANCISCO, *Misericordiae vultus* (11.04.2015), n. 20.

[8] Ibidem.

Se Deus se detivesse na justiça, deixaria de ser Deus; seria como todos os homens que clamam pelo respeito da lei. A justiça por si só não é suficiente, e a experiência mostra que, limitando-se a apelar para ela, se corre o risco de a destruir. Por isso Deus, com a misericórdia e o perdão, passa além da justiça. Isto não significa desvalorizar a justiça ou torná-la supérflua. Antes pelo contrário! Quem erra, deve descontar a pena; só que isto não é o fim, mas o início da conversão, porque se experimenta a ternura do perdão. Deus não rejeita a justiça. Ele engloba-a e supera-a num evento superior onde se experimenta o amor, que está na base de uma verdadeira justiça.[9]

2. Na vida social

Pode-se dizer que, com o Concílio Vaticano II e com a grave crise mundial, abriu-se uma temporada nova para a humanidade que se globaliza, o tempo do encontro entre justiça e misericórdia, da nova "civilização do amor". Trata-se de dar um salto de qualidade, passando da "justiça retributiva" (pensar que a expiação possa ser obtida infligindo ao réu uma pena aflitiva) para a "justiça reparadora", convencidos de que se obtém a expiação não infligindo ao réu um sofrimento reparador, mas oferecendo a ele a oportunidade de uma reconciliação, através da iniciativa gratuita de quem sofreu o mal. O réu pode rejeitar a oferta e pode aceitá-la convertendo-se, depois de ter reparado o quanto possível o mal cometido. Com efeito, só o bem e o amor purificam, não o mal ou a pena infligida. No delito – e, em particular, naquele elemento do delito que é a culpa – já está incluída a pena: o sentido da derrota, do fracasso, da humilhação (card. Martini).

Certamente, a observância da lei é necessária, mas é preciso superar uma visão meramente legalista. A misericórdia não é uma espécie de "bondade", alternativa à justiça. Exprime, ao contrário, a necessidade do encontro entre réu e vítima, que vai além do legalismo e oferece a ocasião para o réu admitir e superar o mal feito e para a vítima superar o mal recebido, perdoando. A "justiça reparadora" liberta do mal tanto quem o cometeu como quem o sofreu. Quem erra deverá descontar a

---

[9] PAPA FRANCISCO, *Misericordiae vultus* (11.04.2015), n. 21.

pena, mas sabendo que a pena não é o fim, mas o início de um novo caminho de libertação.

Não é uma utopia. Basta recordar a experiência da África do Sul; o empenho de Nelson Mandela e de Desmond Tutu na Comissão "Verdade e Reconciliação". Ou a ação do card. Martini (e de Adolfo Bachelet), que, depois dos anos de chumbo, iniciaram uma caminhada de reconciliação através do encontro entre os familiares das vítimas e as brigadas vermelhas. Uma caminhada que prossegue e parece promissora.

3. Rumo à "civilização do amor"

Esta é a meta indicada pela DSI aos cristãos empenhados em política.

Paulo VI foi o primeiro a insistir na necessidade de se comprometer com uma nova "civilização do amor", na qual a justiça fosse integrada e sublimada pela misericórdia. De fato – escreve o papa Montini – "Se, efetivamente, para além das regras jurídicas, falta um sentido profundo do respeito e serviço de outrem, mesmo a legalidade perante a lei poderá servir de álibi para flagrantes discriminações, para se manterem explorações e para um desprezo efetivo".[10] Isto – prossegue Paulo VI – é confirmado pelas contradições frequentemente dramáticas do mundo moderno: "As relações de força jamais estabeleceram de fato a justiça de maneira duradoura e verdadeira [...]. O uso da força suscita da outra parte o pôr em prática forças adversas, donde um clima de lutas que dá azo a situações extremas de violência e a abusos".[11] Por isso deve ser prioritário o compromisso da Igreja e dos cristãos por uma nova civilização fundada no encontro entre amor e justiça nas relações sociais.

João Paulo II desenvolve este ensinamento de Paulo VI:

> Uma pergunta interpela profundamente a nossa responsabilidade: que civilização se imporá no futuro do planeta? De fato, de nós depende que triunfe a civilização do amor, como Paulo VI gostava de chamá-la, ou a civilização – que melhor deveria chamar-se "incivilização" – do

[10] PAULO VI, Carta apostólica *Octogesima adveniens* (14.05.1971), n. 25.

[11] Ibidem, n. 43.

individualismo, do utilitarismo, dos interesses opostos, dos nacionalismos exasperados e dos egoísmos elevados à categoria de sistema.

E conclui: "A Igreja sente a necessidade de convidar a todos que verdadeiramente se interessam pelo destino do homem e da civilização a unir os seus recursos e seu esforço para a construção da civilização do amor".[12]

O papa Wojtyla já tinha enfrentado o tema na encíclica *Dives in misericórdia*: "A experiência do passado e do nosso tempo demonstra que a justiça, por si só, não basta e que pode até levar à negação e ao aniquilamento de si própria, se não se permitir àquela força mais profunda, que é o amor, plasmar a vida humana nas suas várias dimensões".[13] Um amor, insiste o papa, generoso a exemplo do amor misericordioso de Deus.

Bento XVI, por sua vez, insiste que, para levar Cristo aos homens e às mulheres do século XXI, a Igreja deverá comprometer-se para que amor do homem e amor de Deus, filantropia e caridade, *eros* e *agapê*, razão e fé, justiça e perdão se encontrem e se integrem na civilização do amor.

Nos nossos dias a crise agravou-se mais. Parece que o próprio sistema democrático entrou em crise. O fosso entre sociedade civil e instituições democráticas alargou-se desmedidamente. A "antipolítica" difunde-se rapidamente, e a classe política, amplamente corrupta, agora é indicada com o nome desprezível de "casta".

A chamada "República dos partidos" acabou, na Itália, não só porque foi decapitada por Tangentopoli,[14] mas também porque, por causa da profunda mudança cultural que se segue ao fim das ideologias, a velha forma de partidos ideológicos não permite mais uma verdadeira participação dos cidadãos na elaboração da política nacional (como prevê a Constituição). Não basta mais ir votar a cada tantos anos! A vida democrática foi reduzida à engenharia administrativa e a busca do

---

[12] JOÃO PAULO II, *Angelus* (13.02.1994).

[13] JOÃO PAULO II, Carta encíclica *Dives in misericórdia* (30.11.1980), n. 12.

[14] Tangentopoli foi o juiz que presidiu a operação "Mani pulite", na Itália, equivalente à "Lava Jato" no Brasil.

poder acaba por si mesma. Os velhos partidos não atendem à necessidade das relações humanas, interpessoais e sociais, que amadureceram nos cidadãos. Hoje a sociedade civil cresceu, não aceita mais que o bem dos cidadãos menos favorecidos ou marginalizados dependa da benevolência do Estado, que intervém para redistribuir a riqueza produzida (Estado social); exige que os cidadãos participem responsavelmente da vida política e sejam incluídos ativamente nos processos de produção e de redistribuição da riqueza.

É emblemática a crise na qual a Europa afundou. O que fazer para passar para a "democracia deliberativa" ou participativa? É preciso impedir que a política fique nas mãos de representantes eleitos pelo povo e sucumba aos poderes fortes ou de grupos de interesse, sem mais referência à vontade dos eleitores e ao bem comum:

> É indispensável que a comunidade civil se aproprie novamente daquela função política, que demasiado frequentemente delegou exclusivamente aos "profissionais" desse compromisso na sociedade. Não se trata de superar a instituição "partido", que permanece essencial na organização do Estado democrático, mas de reconhecer que se faz política não apenas nos partidos, mas também fora deles, contribuindo para um desenvolvimento global da democracia, com a tomada de responsabilidades de controle e de estímulo, de proposta e de atuação de uma real e não apenas conclamada participação.[15]

Há necessidade, portanto, de uma "civilização do amor" ou da solidariedade. No entanto, é preciso estar atentos para que a renovação da democracia não se reduza, por sua vez, apenas ao aspecto pragmático e funcional, ou seja, à necessidade de excogitar novas técnicas de diálogo e de "inclusão" dos cidadãos nas decisões, mas descuidando a parte fundamental ou dos valores sobre os quais a nova forma de democracia deve apoiar-se para ser sólida. Para uma democracia mais madura, é necessária uma nova cultura da participação e da solidariedade.

---

[15] COMISSÃO ECLESIAL "GIUSTIZIA E PACE" DA CONFERÊNCIA EPISCOPAL ITALIANA, Nota pastoral *Educare alla legalità* (04.10.1991), n. 17.

Trata-se de superar a visão antropológica neoliberal, utilitarista e individualista que está na origem do relativismo ético e colocou em crise a "democracia representativa".[16]

Pois bem, neste contexto, o papel social da misericórdia (dita, mais comumente, "solidariedade") é determinante. O papa Francisco resume assim o seu ensinamento num escrito seu:

> A misericórdia é um elemento importante, até indispensável nas relações entre os homens para que haja fraternidade. Apenas a medida da justiça não é suficiente. Com a misericórdia e o perdão Deus vai além da justiça, engloba-a e a supera num acontecimento superior no qual se experimenta o amor, que está no fundamento de uma verdadeira justiça. [...] A misericórdia e o perdão são importantes também nas relações sociais e nas relações entre os Estados. [...] Não há justiça sem perdão, a capacidade de perdão está na base de todo projeto de uma sociedade futura mais justa e solidária. A falta do perdão, a referência à lei do "olho por olho, dente por dente", corre o risco de alimentar uma espiral de conflitos sem fim. Também na justiça terrena, nas normas judiciárias, uma nova consciência está abrindo caminho. [...] Pensemos em quanto cresceu a consciência mundial na rejeição da pena de morte. Pensemos em quanto se procura fazer para reinserir socialmente os encarcerados. A fim de que quem errou, depois de ter pago o seu débito com a justiça, possa encontrar mais facilmente um trabalho e não ficar à margem da sociedade. [...] Com a misericórdia a justiça é mais justa, realiza verdadeiramente a si mesma. Isto não significa ser indulgente [...]. Significa que devemos ajudar os que caíram a não ficar no chão.[17]

A Igreja não pode nem deve substituir o Estado, nem os sacerdotes devem substituir os magistrados. No entanto, "a Igreja 'não pode nem deve ficar à margem na luta pela justiça'. Todos os cristãos, incluindo os

---

[16] Bento XVI, na encíclica *Spe salvi* (30.11.2007), analisa como se formou no Ocidente essa cultura na onda do progresso científico e técnico, estabelecendo uma relação ambígua entre liberdade e razão (n. 16-23), e conclui: "Se ao progresso técnico não corresponde um progresso na formação ética do homem, no crescimento do homem interior (cf. Ef 3,16; 2Cor 4,16), então aquele não é um progresso, mas uma ameaça para o homem e para o mundo" (n. 22).

[17] PAPA FRANCISCO, *Il nome di Dio è misericordia*. Milano: Piemme, 2016, p. 89s.

Pastores, são chamados a preocupar-se com a construção de um mundo melhor".[18] Concretamente, isto significa que

> cada cristão e cada comunidade são chamados a ser instrumentos de Deus ao serviço da libertação e promoção dos pobres, para que possam integrar-se plenamente na sociedade; isto supõe estar docilmente atentos, para ouvir o clamor do pobre e socorrê-lo. [...] A Igreja, guiada pelo Evangelho da Misericórdia e pelo amor ao homem, *escuta o clamor pela justiça* e deseja responder com todas as suas forças.[19]

A opção preferencial pelos pobres "é mais uma categoria teológica que cultural, sociológica, política ou filosófica. Deus 'manifesta a sua misericórdia antes de mais' a eles. [...] Somos chamados a descobrir Cristo neles: não só a emprestar-lhes a nossa voz nas suas causas, mas também a ser seus amigos, a escutá-los, a compreendê-los e a acolher a misteriosa sabedoria que Deus nos quer comunicar através deles"[20]: os sem-teto, os drogadictos, os refugiados, os idosos sozinhos e abandonados, os migrantes, as crianças sem pais, as pessoas com incapacidades, as jovens mães, os doentes.

A opção preferencial pelos pobres nos fará assemelhar-nos ao Pai misericordioso e contribuirá como sinal e fermento para encontrar a justiça e o amor nas relações entre os homens irmãos. Trata-se de ter coragem de começar a dar muitos pequenos passos no sentido da síntese entre justiça e solidariedade para que venha a "civilização do amor".

---

[18] PAPA FRANCISCO, *Evangelii gaudium* (24.11.2013), n. 183.
[19] Ibidem, n. 187s.
[20] PAPA FRANCISCO, *Evangelii gaudium* (24.11.2013), n. 198.

Apêndice 1

A Igreja italiana desde o Concílio até hoje

A virada extraordinária do papa Francisco consiste, sobretudo, na vontade decidida de levar a cabo fielmente a reforma interna da Igreja desejada pelo Concílio Vaticano II. Quer dizer, com o novo pontificado é retomado o caminho de renovação *ad intra* auspiciado por João XXIII, iniciado com o Concílio e promovido com coragem por Paulo VI, mas que depois foi bruscamente interrompido com a morte do papa Montini.

Com efeito, os seus dois sucessores, João Paulo II e Bento XVI, embora muito abertos em prosseguir a renovação das relações entre a Igreja e o mundo (*ad extra*), no que diz respeito, porém, à renovação interna da vida eclesial, preocuparam-se mais em salvaguardar a continuidade com o passado (a tradição) do que em enfrentar as novas perspectivas abertas pelo Concílio. Isso conduziu, de fato, ao congelamento do caminho de renovação *ad intra*, empreendido por Paulo VI, e à consequente "normalização" da vida eclesial, que durou 35 anos, de 1978 até a vinda do papa Francisco em 2013, depois de o papa Bento XVI renunciar.

Padre Arturo Paoli, o pequeno irmão do Evangelho, que morreu com 102 anos em 2015, no seu *Testamento espiritual*, atribui a maior responsabilidade desta longa estagnação aos dois sucessores do papa Montini: "Confesso, sem hipocrisias tortuosas, que penso que os dois pontífices que sucederam a Paulo VI incorreram na repreensão-lamento expressa por Jesus em Mt 16 e em Lc 12 sobre os sinais dos tempos",[1] ou seja, nem um nem outro souberam lê-los e interpretá-los.

É difícil dar sentenças taxativas sobre acontecimentos e personagens ainda muito próximos de nós. Porém, é obrigatório esforçar-se para identificar as causas das notáveis contradições que caracterizaram a passada temporada pós-conciliar. Para fazer isso, buscaremos reler os principais acontecimentos que caracterizaram os 50 anos de pós-Concílio da Igreja na Itália. Sendo o bispo de Roma o primaz, ela tem certamente um valor emblemático para toda a Igreja.

Dito isto, deve-se acrescentar que não é possível falar de um ou de outro dos últimos pontífices – de João XXIII ao papa Francisco –, sem ligá-los entre si e ao Concílio. Todos juntos, realmente, cada um com a sua personalidade, cultura e espiritualidade, fazem parte de um único desígnio de Deus. Portanto, cada um deles, de um modo ou de outro, deu a sua contribuição para a realização do evento conciliar. Basta pensar na obra verdadeiramente gigantesca de evangelização realizada por João Paulo II em toda parte da terra, ou na profundidade doutrinal do magistério de Bento XVI e no alcance profético da sua renúncia ao pontificado.

Neste contexto adquire maior visibilidade a reavaliação que o papa Francisco faz hoje da "linha montiniana" de renovação eclesial, que fora abandonada em 1978. O estilo pastoral e espiritual de Paulo VI – como se sabe – foi caracterizado, sobretudo, pelo diálogo, pelo espírito de sinodalidade, pelo compromisso de "mediação cultural e histórica" na passagem do plano da fé e da Palavra de Deus para o plano ético, antropológico e existencial. É a mesma impostação da exortação apostólica *Evangelii gaudium* do papa Francisco.

Uma linha pastoral diferente, portanto, da "linha da presença", instaurada por João Paulo II e continuada por Bento XVI, segundo a qual a Igreja é considerada antes como uma "força social", posicionada em defesa dos "valores não negociáveis", com a tarefa de "rebocar" e guiar as nações no plano ético e cultural.

---

[1] Testamento spirituale di don Arturo Paoli. *MicroMega* (6/2015), p. 4: "Francesco e l'Altrachiesa".

Obviamente, não é possível aqui aprofundar as razões que estão na base das duas diferentes impostações pastorais. De um ponto de vista teórico, ambas são legítimas; no entanto, correspondem evidentemente a sensibilidades culturais e apostólicas diferentes. Limitamo-nos por isso a anotar as diferentes consequências pastorais que elas estão destinadas a produzir no que diz respeito não só às relações entre a Igreja e o mundo, mas sobretudo à renovação interna da comunidade eclesial.

Veremos, portanto: (1) em que consiste a chamada "linha montiniana"; (2) a "normalização" acontecida sob o pontificado de João Paulo II e de Bento XVI; (3) a "revolução" do papa Francisco.

1. A "linha montiniana"

Os anos do pontificado de Paulo VI (1963-1978) foram os anos do Concílio e do primeiro pós-Concílio. No mesmo período, a Igreja italiana atravessou uma delicada crise interna. A vida eclesial foi marcada pelo "dissenso" eclesial e pela contestação das "comunidades de base" e pela crise do associacionismo católico. Foram os anos do fim do "colateralismo" entre mundo católico e DC [Democracia Cristã], enquanto novas tensões no seio da comunidade eclesial nasciam da "opção socialista" das ACLI [Associazioni Cristiane del Lavoratori Italiani = Associações Cristãs dos Trabalhadores Italianos] (Vallombrosa, 1970) e do insucesso do *referendo* sobre o divórcio com a ruptura dos "católicos do não" (1974). Paulo VI não hesitou em definir as dificuldades desse atormentado primeiro pós-Concílio como "a coroa de espinhos" do seu pontificado.

A Igreja italiana reagiu com coragem e respondeu à crise com um projeto pastoral plurianual, de grande envergadura, para os anos 1970, elaborado pela Conferência Episcopal Italiana (CEI). O início da virada pastoral pode ser remontado ao documento *Evangelizzazione e sacramenti*, elaborado depois de um intenso trabalho pela X Assembleia Geral do Episcopado Italiano (junho 1973), com base também nos resultados de uma ampla pesquisa sociorreligiosa. O "plano pastoral" foi, na realidade, o projeto de uma longa caminhada que, partindo da reafirmação da primazia da Palavra de Deus e da evangelização, percorreu de novo – de ano em ano e em aplicação das orientações do

Concílio – o conjunto da vida sacramental do povo de Deus, premissa necessária para a renovação da comunidade cristã. Naquela mesma X Assembleia de 1973 foi tomada a decisão de proclamar um grande Congresso eclesial nacional sobre o tema "Evangelização e promoção humana", que servisse ao mesmo tempo de conclusão e de avaliação do primeiro decênio de caminhada pós-conciliar. Foi um momento forte, que envolveu pessoalmente também Paulo VI, enquanto primaz da Igreja italiana. Com efeito, o Congresso de Roma – depois de avaliar a renovação interna da vida eclesial na primeira década do Concílio – devia, sobretudo, repensar os modos da presença e do serviço da Igreja no mundo, concretamente na sociedade italiana, no mudado contexto social, cultural e político e com base no ensinamento conciliar.

Foi nessa ocasião que a Igreja italiana se confrontou oficialmente com a "linha montiniana". De fato, Paulo VI, na esteira do Concílio, lendo e interpretando com fé os "sinais dos tempos", compreendera que as transformações sociais e culturais do país e as aquisições teológicas do Vaticano II significavam o fim, também na Itália, do velho regime de "cristandade", que nasceu depois do decreto de Constantino (em 313). Fundamentado no poder temporal da Igreja e na aliança entre o trono e o altar, o regime de "cristandade", de fato e sob formas diversas (a última de todas foi a do "partido católico"), sobrevivera na Itália até o Concílio Vaticano II. Agora, porém, tanto por razões históricas como pelas aquisições teológicas e pastorais do Concílio, impunha-se uma profunda renovação não só da mentalidade, mas também dos métodos pastorais e do próprio anúncio do Evangelho na sociedade em evolução. A isto visava o 1º Congresso eclesial nacional sobre *Evangelização e promoção humana*, proclamado pela CEI.

Mons. Enrico Bartoletti, nomeado secretário-geral da Conferência Episcopal Italiana em setembro de 1972, foi o verdadeiro artífice do Congresso eclesial de 1976. Ele estava profundamente convencido – compartilhando plenamente a "linha montiniana" – de que a Itália agora precisava ser evangelizada de novo. Para este fim não podia ser suficiente uma simples "atualização" dos instrumentos pastorais, mas era preciso mirar uma verdadeira "renovação" interna da Igreja e da sua presença no país. Ficou logo claro, porém, que semelhante renovação não podia ser realizada apenas pelos bispos: era preciso envolver diretamente todo o povo de Deus e, na primeira linha, os fiéis leigos. Isso seria possível apenas introduzindo na Igreja italiana o estilo novo de se "reunir", como então foi definido, e que nós hoje chamaríamos "sinodal". Também a isto visava o 1º Congresso eclesial nacional. O papa Montini o seguiu pessoalmente com grande atenção.

No Congresso de Roma, a Igreja italiana fez suas as orientações de fundo da linha pastoral de Paulo VI.[2] A primeira orientação da "linha montiniana" era a de uma pastoral missionária renovada: não poderia mais ser suficiente uma atualização superficial de alguns métodos pastorais, mas na base da renovação eclesial deveriam estar a conversão, uma autêntica experiência de fé e um testemunho crível de comunhão eclesial, em espírito sinodal.

A segunda orientação de fundo dizia respeito à necessidade do diálogo em todas as suas dimensões (intraeclesial, ecumênico e inter-religioso, intercultural); o emprego, portanto, do método da "mediação cultural" e do encontro, que levasse a exprimir a fé e a mensagem cristã de modo mais correspondente à nova questão cultural nascida na Itália naqueles anos.

A terceira orientação era pensar numa nova forma de presença social e política dos católicos na Itália. Partindo da "opção religiosa", feita em fidelidade ao Concílio por Paulo VI e pela Ação Católica de Vittorio Bachelet, dava-se por adquirida a superação do colateralismo entre Igreja e DC, e, diante do fim previsível das ideologias, o Congresso de Roma pedia uma real renovação do serviço dos católicos ao país, especificando que

> não se trata de repor um modelo de reagrupação política segundo o tipo daquele de 1948, anacrônico num país que mudou tanto. Ao contrário, se requer a coragem de elaborar uma presença política verdadeiramente nova dos cristãos, que recupere a inspiração popular e democrática das origens [...], eliminando pela raiz toda instrumentalização recíproca nas relações entre Estado e Igreja.

---

[2] Cf. B. SORGE, Una chiesa in ricerca, in servizio, in crescita. In: *Evangelizzazione e promozione humana*. Atti del Convegno eclesiale (Roma, 30 ottobre-4 novembre 1976). Roma: AVE, 1977, p. 313-339.

Quer dizer, é preciso mediar cultural e laicamente as opções políticas, passando do plano da fé para o plano ético e antropológico, e fazendo opões "leigas" compartilháveis por todos os que se empenham pelo bem comum.

Em conclusão, o Congresso de Roma – diante da complexidade da situação social e eclesial do país e diante da necessidade de opções pastorais novas e corajosas – fazia sua a linha pastoral de Paulo VI: não podiam mais bastar os documentos e os congressos, mas era tempo agora de reconhecer nos fatos – e não só com palavras – o papel insubstituível de um laicato maduro, de homens e mulheres espiritualmente formados e profissionalmente válidos. Sem um envolvimento ativo e responsável do laicato na vida eclesial e social (sem um verdadeiro espírito de sinodalidade, diríamos hoje) não era possível uma nova evangelização. O próprio cardeal Antônio Poma, presidente da CEI e do Congresso, sublinhou isto no seu discurso de despedida, na conclusão das jornadas romanas:

> O espírito e a letra do Concílio sempre estiveram presentes nos nossos trabalhos e compreendemos, com maior evidência ainda, a definição que o papa Paulo VI deu do Concílio: "o catecismo dos tempos novos" [...]. Como não recordar aquele que foi guia e animador do Concílio [...], continuando "a perseguir com humilde firmeza tudo o que o Concílio estabeleceu"? Quero dizer, o papa Paulo VI.[3]

Por isso, para definir mais concretamente a atuação da sua orientação de fundo, o Congresso de Roma concluiu com o pedido formal de que na Igreja italiana se desse vida a um organismo nacional permanente de participação responsável dos fiéis leigos na vida da Igreja. Foi o primeiro pedido de instaurar concretamente na Igreja italiana um autêntico "espírito de sinodalidade".

Infelizmente, esse pedido pareceu totalmente prematuro e caiu no vazio. O documento oficial da CEI, publicado alguns meses depois da conclusão do Congresso, por um lado, reconheceu a necessidade de uma pastoral missionária e fez sua a "opção religiosa" de Paulo VI, aceitando, inclusive, o fim do colateralismo com a DC. Isto, obviamente,

---

[3] Ibid., p. 345.

não era pouco! Por outro lado, porém, não teve a coragem de acolher o "voto final" sobre o laicato e se opôs a qualquer forma de sinodalidade.[4] Esse "não" da CEI era o sinal premonitório das outras resistências à renovação conciliar que, depois da morte inesperada de mons. Bortoletti (1976) e do próprio Paulo VI (1978), teriam levado a Igreja italiana a congelar a "linha montiniana", abrindo de fato um longo período de "normalização" da vida eclesial.

2. A "normalização"

Na prática, a Igreja italiana não conseguiu despojar-se da velha mentalidade clerical, que considerava (obviamente sem dizê-lo!) os fiéis leigos como executores passivos das diretivas dos bispos ou como cristãos de série B. Com efeito, além do "não" ao "voto final" do Congresso de Roma sobre o envolvimento sinodal do laicato, nem sequer foi acolhida outra importante conclusão do Congresso romano, ou seja, a necessidade de reconhecer aos fiéis leigos católicos a devida autonomia e criatividade em repensar de modo novo a sua presença política na Itália; de fato, a CEI não compartilhava absolutamente a previsão (considerada pacífica pelo Congresso) do fim próximo da DC e da crise do marxismo. Os bispos, portanto, continuaram a insistir na unidade partidária dos católicos por muitos anos ainda, na prática até quando a DC desapareceu de fato, demolida por Tangentopoli. Isso só foi notado no 3º Congresso eclesial de Palermo (1995). Agora, porém, era tarde demais! A consequência foi que os católicos italianos estavam totalmente despreparados e desorientados no momento da derrocada dos partidos ideológicos. Pode-se dizer que os outros Congressos eclesiais nacionais, que se sucederam a cada dez anos, não concederam mais aos fiéis leigos aquele papel de protagonistas que puderam desempenhar no 1º Congresso de 1976 sobre *Evangelização e promoção humana*, graças à intuição profética de mons. Bartoletti, sustentada e aprovada pessoalmente por Paulo VI.

A eleição de João Paulo II ao pontificado, em 1978, foi a ocasião para realizar a "normalização" na Igreja italiana, que muitos prelados

---

[4] Cf. CONSIGLIO PERMANENTE DELLA CEI, Documento Evangelizzazione e promozione umana (01.05.1977). In: *ECEI* 2/967-974.

desejavam e cujos sinais – como já dissemos – tinham se manifestado logo depois da conclusão do 1º Congresso nacional eclesial de Roma. Com efeito, as pessoas logo se deram conta de que a cultura e a sensibilidade do papa Wojtyla eram muito diferentes da cultura e sensibilidade de Paulo VI. Ressentiam-se evidentemente da dura experiência polonesa, onde a fé permanecera o único baluarte contra o comunismo e tinha obrigado a Igreja na Polônia a fechar-se em si mesma na defensiva, tanto que a novidade do Concílio só chegou ali muitos anos depois.

Daí a convicção, manifestada pelo novo papa, de que devia ser a Igreja a guiar ("puxar") culturalmente aquelas nações, que em certo sentido deviam tudo à Igreja, como era o caso (assim pensava ele) da Polônia e da Itália. Ademais, a fé poderia sugerir aos católicos as opções sociais e políticas a fazer. Então a insistência tanto sobre a "presença" da Igreja nos países como "força social" como sobre a unidade política dos católicos. Esta era uma linha pastoral que divergia claramente da linha traçada por Paulo VI, a qual, em fidelidade ao Concílio, previa, ao contrário, a presença da Igreja como "força espiritual", e o legítimo pluralismo da presença política dos cristãos, no respeito pela escolha livre e responsável da consciência formada dos fiéis leigos.

Os primeiros sinais da mudança de clima eclesial se deram já na preparação do 2º Congresso eclesial de Loreto. João Paulo II, na carta enviada à XXIII Assembleia geral da CEI (1984), fez aos bispos uma recomendação que a muitos pareceu uma clara crítica ao papel, considerado amplo demais, reconhecido por mons. Bartoletti aos fiéis leigos tanto na preparação como no desenrolar do precedente Congresso de Roma. No Congresso de Loreto, o papa escreveu textualmente:

> Deverá haver a preocupação que desde as primeiras fases da preparação e na própria composição dos organismos, aos quais ela será confiada, sejam respeitadas as exigências da comunhão, cuidando, por um lado, que o *episcopado tenha o lugar que lhe compete por instituição divina* e, por outro lado, que cada expressão das múltiplas realidades eclesiais, em sintonia com as legítimas Autoridades, se encontre devidamente representada (grifo nosso).[5]

---

[5] JOÃO PAULO II, *Carta ao episcopado italiano* (01.05.1984), n. 3s.

Segundo esta forte afirmação do papa, ficava claro que os fiéis leigos em Loreto (e depois) nunca desempenhariam mais o mesmo papel que tiveram em Roma em 1976. Era a negação total de qualquer espírito sinodal. De fato, o Congresso de Loreto esteve exclusivamente nas mãos dos bispos. Tanto que, comparando a impostação do Congresso de Roma, desejada por mons. Bartoletti e inspirada na "linha montiniana", com a do Congresso de Loreto (e depois com a dos outros Congressos eclesiais sucessivos de Palermo e de Verona), inspirada na linha da "presença", se tem a nítida impressão de que esses Congressos foram concebidos mais como uma ocasião oferecida à hierarquia para orientar autorizadamente o caminho do povo de Deus do que como ocasião oferecida aos diversos componentes da comunidade eclesial para fazer ouvir a sua voz e envolver todo o povo de Deus e, sobretudo, os fiéis leigos na programação pastoral, em espírito sinodal. Nesse sentido se pode falar de "normalização".

Nasceu, portanto, em Loreto, a linha da "presença" da Igreja "como força social", que deveria intervir visivelmente na vida das nações e guiá-la culturalmente. A sua gestão foi confiada ao card. Camillo Ruini, em cujas mãos João Paulo II concentrou, em certo sentido, todos os poderes: secretário-geral da CEI por cinco anos (1986-1991), depois foi nomeado, ao mesmo tempo, presidente dos bispos italianos por dezesseis anos (1991-2007) e vigário-geral da diocese de Roma por dezessete anos (1991-2008).

Era inevitável que se acendesse na Igreja italiana o confronto entre os herdeiros da "linha montiniana" (cujos expoentes se reconheciam, sobretudo, na Ação Católica e em alguns autorizados pastores, devidamente visíveis, a começar pelo arcebispo de Milão, o card. Carlo Maria Martini)[6] e os da "linha da presença" (que se reconheciam principalmente no movimento de *Comunhão e libertação* e nos bispos ligados ao card. Camillo Ruini).

---

[6] É interessante que o papa Francisco, no Prefácio ao volume do card. C. M. Martini (*Le Cattedre dei non credenti*. Milano: Bompiani, 2015, p. XV-XVIII), ao querer evidenciar os aspectos particularmente relevantes da figura do Cardeal, não faz outra coisa senão sublinhar aqueles pontos que nós aqui definimos como qualificantes da "linha montiniana".

No 3º Congresso eclesial de Palermo (1995), diante da crise política da DC e das dificuldades objetivas da "linha da presença" e de uma Igreja entendida como "força social", tentou-se revitalizá-la, aprovando o chamado "projeto cultural cristãmente inspirado", apresentado solenemente pelo card. Camillo Ruini e abençoado por João Paulo II. Esse projeto, porém, revelou-se logo um paliativo, sobretudo porque era gerido do alto, sem envolver a base da Igreja italiana (dioceses e paróquias, associações e movimentos, no melhor dos casos, apenas ouviram falar dele!), reservado a uma elite de intelectuais (poucos, prudentemente selecionados, e mais ou menos sempre os mesmos), e estava inevitavelmente destinado a dar em nada. Foi geralmente considerado como a enésima tentativa inútil da hierarquia, feita a partir do alto, de querer conquistar a hegemonia cultural no país, depois de ter perdido a hegemonia política.

3. A "revolução" do papa Francisco

A eleição imprevista de Francisco a bipo de Roma teve o efeito de uma lufada de ar limpo que varreu, em poucos dias, sombras e medos e fez a Igreja passar do inverno a uma nova primavera. A Igreja italiana permanecia dividida entre a linha pastoral montiniana da "mediação" e a linha pastoral wojtylana da Igreja "força social".

O papa Francisco, apenas eleito, põe de fato fim à estação cinzenta da "normalização" e não faz mistério de ligar-se ao impulso profético do papa Roncalli, do Concílio e de Paulo VI. Na realidade, não se identifica plenamente nem com uma nem com a outra das duas linhas pastorais opostas. Com o seu convite a voltar ao Evangelho, ele leva a superar ambas, promovendo na Igreja um autêntico espírito de sinodalidade.

A novidade é palpável. Sem negar a importância do papel insubstituível da razão no anúncio da fé, Francisco prefere mostrar a força "renovadora" do Evangelho vivido, do testemunho da vida. Ele está convencido de que o testemunho evangélico dado com a própria existência seja mais eficaz que um tratado teológico; viver o Evangelho leva a compreender a mensagem de Cristo muito melhor que uma longa encíclica. Isto não significa absolutamente diminuir a importância das intervenções doutrinais do magistério, porém, mais que anunciar a verdade nos termos abstratos da filosofia e da teologia, o novo papa prefere testemunhá-la através da linguagem concreta da vida que todos entendem.

O novo bispo de Roma, com a sua surpreendente "opção evangélica", não só mudou o clima dentro e fora da Igreja, mas mostrou visivelmente o rosto renovado da Igreja assim como, sobretudo o papa João, o Concílio e Paulo VI tinham entrevisto, ou seja, o rosto de uma Igreja livre, pobre e serva, que dá início à unidade no seu interior em espírito sinodal. O documento fundamental, no qual está amplamente exposta esta "opção evangélica" do papa Francisco, continua sendo a exortação apostólica *Evangelii gaudium*. O próprio papa, no seu discurso no 5º Congresso nacional eclesial de Firenze, pediu que ela seja estudada, aprofundada e traduzida na prática por toda a Igreja.[7]

"Voltar ao Evangelho" significa, portanto, em primeiro lugar, ser uma Igreja livre de toda obsessão de poder, "também quando este – especificou o papa no discurso de Firenze – toma o rosto de um poder útil e funcional para a imagem social da Igreja". É evidente aqui a superação da concepção da Igreja como "força social". De fato, depois do Concílio Vaticano II, a Igreja não se apresenta mais como uma "sociedade perfeita", dotada de um poder político semelhante ao dos Estados, fechada dentro das suas fronteiras territoriais, reconhecidas e garantidas pelo direito internacional (o chamado "regime de cristandade"). Ela é, ao contrário, o "povo de Deus a caminho através da história", é uma Igreja livre, de comunhão, que sai do ambiente fechado dos seus privilégios e dos muros do templo para fazer-se presente e próxima de cada pessoa humana, onde se vive e se trabalha, onde se constrói a cidade, onde se sofre e se morre. É uma comunidade aberta, à qual de modo variado pertencem ou estão ordenados tanto os católicos como os cristãos das

---

[7] PAPA FRANCISCO, Exortação apostólica *Evangelii gaudium* (24.11.2013). O papa disse em Firenze: "Permiti-me apenas vos deixar uma indicação para os próximos anos: em cada comunidade, em cada paróquia e instituição, em cada diocese e circunscrição, em cada região, procurai iniciar, de modo sinodal, um aprofundamento da *Evangelii gaudium*, para tirar dela critérios práticos e para realizar as suas disposições" (PAPA FRANCISCO, *Discorso al 5º Convegno ecclesiale nazionale della chiesa italiana*, Firenze, 10.11.2015).

outras confissões, bem como todos os homens que Deus quer indistintamente salvos.[8]

É uma Igreja não voltada para si mesma, nem preocupada sobretudo com os seus problemas internos:

> Deve-se evitar – repete o papa Francisco – a doença espiritual da Igreja autorreferencial. Quando isso acontece, a Igreja adoece. É verdade que, ao sair pelo caminho, como acontece a todo homem e a toda mulher, podem acontecer incidentes. Mas se a Igreja permanece fechada em si mesma, autorreferencial, envelhece. E entre uma Igreja acidentada que sai pelo caminho e uma Igreja doente de autorreferencialidade, não tenho dúvida em preferir a primeira.[9]

Livre da obsessão do poder, a Igreja poderá absorver melhor a função de consciência crítica e profética da sociedade, poderá abrir-se com coragem e com credibilidade aos desafios da justiça e da paz, da fome e do desenvolvimento econômico.

O segundo traço fundamental do rosto da Igreja renovada, segundo a *Evangelii gaudium*, é a opção pela pobreza. A pobreza, realmente, manifesta a gratuidade da salvação de Deus, o qual, de rico que era, se fez pobre para que nos tornássemos ricos por meio da pobreza (cf. 2Cor 8,9). "A pregação evangélica – explicou o papa Francisco na homilia de 11 de junho de 2013 – nasce da gratuidade, da admiração pela salvação que vem, e o que recebi de graça devo dar de graça [...]. São Pedro não tinha conta em banco".

No entanto, o que impressiona é que a opção evangélica pela pobreza e pelos pobres, da qual falam o Concílio e o papa Francisco, não se apoia só no sentimento. O primeiro ato de solidariedade para com os pobres está em mudar os mecanismos perversos que geram o seu sofrimento. Paulo VI, no seu famoso discurso de 1968 aos *campesinos* de Bogotá, explicou que o compromisso pela justiça é o primeiro degrau do amor. Esta é a opção evangélica dos pobres: o amor da Igreja pelos pobres vai além do dever da benevolência e da esmola; exige que compartilhemos os seus problemas, que caminhemos com eles, que

---

[8] *Lumen gentium*, n. 13.

[9] Citado em L'elezione di papa Francesco. In: *Civiltà Cattolica* I (2013), p. 537.

façamos nossos os problemas, as angústias e as esperanças deles. Diz o papa Francisco no discurso ao Congresso eclesial de Firenze, citando a *Evangelii gaudium*: "Somos chamados a descobrir Cristo nos pobres, a emprestar a eles a nossa voz nas suas causas, mas também a viver próximo deles, a escutá-los, a compreendê-los e a acolher a misteriosa experiência que Deus quer comunicar-nos através deles".

Enfim, o rosto da Igreja renovada, traçado pelo Concílio e hoje interpretado pela virada evangélica da *Evangelii gaudium* do papa Francisco, é o de uma Igreja serva. "O Filho do Homem – disse Jesus – não veio para ser servido, mas para servir" (Mc 10,45). A Igreja – já tinha dito o Concílio – "não coloca a sua esperança nos privilégios que lhe oferece a autoridade civil. Mais ainda, ela renunciará ao exercício de alguns direitos legitimamente adquiridos, quando verificar que o seu uso põe em causa a sinceridade do seu testemunho".[10] É fundamental que a Igreja seja serva humilde, que ponha a sua confiança apenas na Palavra de Deus, na santidade dos seus filhos e no serviço aos pobres, evitando – como pede o Concílio mesmo – também a simples aparência de se apoiar nos privilégios concedidos pelos poderosos da vez.

O primeiro serviço é o de ser "servos da comunhão". Um dos grandes méritos do Concílio foi reafirmar no plano teológico o primado da comunhão sobre a instituição, da comunhão entendida como "caminhar juntos", como sinodalidade. Exatamente por isso, baseado na eclesiologia de comunhão, o papa Francisco insiste muito que o "espírito sinodal" nas relações entre o papa e os bispos e entre os diversos componentes eclesiais seja entendido como espírito de serviço para a comunhão, compreendendo a "colegialidade" em sentido espiritual e místico antes ainda que em sentido jurídico. Nesse sentido o "espírito de sinodalidade" deverá animar todas as formas de colaboração e de participação entre os diversos componentes da Igreja. Não tanto por razões de eficiência organizativa quanto por uma profunda razão eclesiológica e profética: todo aquele que tem um papel na Igreja é chamado não a exercer um poder, mas a cumprir um serviço, o serviço da comunhão. É o princípio sobre o qual está fundada a colegialidade na Igreja.

---

[10] *Gaudium et spes*, n. 76.

Ao mesmo tempo, a comunhão eclesial é um serviço prestado ao mundo. "A Igreja – repetiu mil vezes o papa, desde a Congregação Geral dos cardeais de 9 de março de 2013, na vigília do Conclave – é chamada a sair de si mesma e ir para as periferias, não só as geográficas, mas também as periferias existenciais, a saber, as periferias do mistério do pecado, da dor, da injustiça, da ignorância e da ausência de fé, do pensamento, de toda forma de pensamento".

Isto é o "voltar ao Evangelho" que o papa Francisco propõe na sua exortação apostólica *Evangelii gaudium* (2013) e sobre o que voltou a insistir no discurso de Firenze.

Obviamente, a virada do papa Francisco não pode deixar de despertar temores e resistências aos que, também na Igreja, são contrários desde sempre à mudança. O próprio papa sentiu a necessidade de assegurar aos fiéis, no *Angelus* de 8 de novembro de 2015, depois da série de episódios causados de propósito com a intenção de perturbar a ação reformadora do pontífice: "Quero assegurar-vos – disse, referindo-se em particular ao furto de documentos reservados – que este triste fato não me afasta certamente do trabalho de reforma que estamos levando avante com os meus colaboradores e com o apoio de todos vós".

Contudo, além desta firme tomada de posição, a confirmação mais convincente de que a virada do papa Francisco é real e destinada a continuar vem da opção feita pelo papa não só de voltar ao "método indutivo", característico da "linha pastoral montiniana", inaugurado por João XXIII e pelo Concílio e ratificado por Paulo VI, mas de ir além, promovendo na Igreja o espírito sinodal.

De que se trata? É sabido que, sobretudo os documentos sociais da Igreja, desde Leão XIII até o Concílio, sempre preferiram o método dedutivo. Quer dizer, partiam da reafirmação dos princípios universais do direito natural e da revelação cristã para deles deduzir opções e orientações operativas.

João XXIII foi o primeiro a se desviar do modo tradicional de elaborar os documentos do magistério social. Em vez de partir da enunciação doutrinal dos princípios do direito natural e da revelação cristã, o papa Roncalli preferiu iniciar pela leitura dos "sinais dos tempos", para depois interpretá-los à luz do Evangelho e do magistério e, enfim, tirar deles as orientações operativas e as opções concretas a realizar. O papa Roncalli, na encíclica *Mater et magistra* (1961), fixa as passagens essenciais deste método indutivo, indicando-os com três verbos, que ficaram famosos: "ver, julgar, agir". Com efeito, ele achava que o discurso social da Igreja ganharia em clareza e eficácia se seguisse um modo expositivo mais próximo da mentalidade e da cultura contemporânea, passando exatamente através dos três momentos lógicos sucessivos: "(I) Revelação das situações; (II) avaliação delas à luz daqueles princípios [evangélicos] e daquelas diretrizes [do magistério]; (III) busca e determinação do que se pode e se deve fazer".[11, 12]

Dois anos depois, a *Pacem in terris* (1963) será a primeira encíclica social a falar explicitamente de "sinais dos tempos" e a aplicar o método descrito pela *Mater et magistra*. Obviamente, a referência à Palavra de Deus e aos ensinamentos do magistério permanece fundamental, porém não é mais o ponto de partida, como acontecia com o método dedutivo.

A confirmação autorizada da validade do novo método vem do Concílio Vaticano II, que, por sua vez, o usou na redação da constituição pastoral *Gaudium et spes* (1965).[13]

No entanto, o apoiador mais convicto do método indutivo nas intervenções da Igreja em matéria social foi Paulo VI. Ele usou o método tanto na encíclica *Populorum progressio* (1967) como na carta apostólica *Octogesima adveniens* (1971), a qual, em certo sentido, confirmou

---

[11] JOÃO XXIII, *Mater et magistra* (15.05.1961), n. 236. In: C.E.R.A.S. *Il discorso sociale della Chiesa*. Da Leone XIII a Giovanni Paolo II. Brescia: Queriniana, 1988, p. 272.

[12] "Para levar a realizações concretas os princípios e as diretrizes sociais, passa-se ordinariamente por três fases: estudo da situação; apreciação da mesma à luz desses princípios e diretrizes; exame e determinação do que se pode e deve fazer para aplicar os princípios e as diretrizes à prática, segundo o modo e no grau que a situação permite ou reclama. São os três momentos que habitualmente se exprimem com as palavras seguintes: 'ver, julgar e agir'" (*Mater et Magistra*, n. 235).

[13] A este respeito é importante a nota 1, que os padres conciliares quiseram antepor ao documento: esta Constituição – lê-se aí – "considera mais expressamente vários aspectos da vida e da sociedade contemporâneas. [...] Por isso a Constituição deverá ser interpretada segundo as normas teológicas gerais, tendo em conta [...] as circunstâncias mutáveis com que estão intrinsecamente ligados os assuntos em questão".

oficialmente os três momentos essenciais do método indutivo (já enunciado por João XXIII).[14]

O uso do método indutivo foi abandonado pelo papa Wojtyla. *Per se*, João Paulo II, na encíclica *Sollicitudo rei socialis* (1987), publicada para comemorar o 20º aniversário da *Populorum progressio*, mostra ter bem presente o método indutivo e o descreve, nos mesmos termos de João XXIII e de Paulo VI.[15]

Apesar disso – mesmo sabendo que os seus predecessores imediatos tinham preferido o método indutivo –, depois, na prática, João Paulo II optou por voltar ao tradicional método dedutivo. Isto aparece claramente, por exemplo, na encíclica social sobre o trabalho humano, *Laborem exercens* (1981). Nela, Wojtyla não parte da leitura dos "sinais dos tempos" (da descrição da crise atual ou das profundas transformações do mundo do trabalho), mas inicia partindo dos dados da revelação contidos na sagrada Escritura e dos mais altos princípios do direito natural. E explica esta sua preferência pelo método dedutivo afirmando que a Igreja deve pensar no homem e dirigir-se a ele não tanto à luz da experiência histórica e com a ajuda dos muitos métodos do conhecimento científico, mas "em primeiro lugar à luz da palavra revelada do Deus vivo [...], procura *exprimir* aqueles *desígnios* eternos e aqueles

---

[14] Paulo VI escreve: "É às comunidades cristãs que cabe [I] analisar, com objetividade, a situação própria do seu país e [II] procurar iluminá-la, com a luz das palavras inalteráveis do Evangelho; a elas cumpre haurir princípios de reflexão, normas para julgar e diretrizes para a ação, na Doutrina Social da Igreja. [...] [III] Discernir – com a ajuda do Espírito Santo em comunhão com os bispos responsáveis e em diálogo com os outros irmãos cristãos e com todos os homens de boa vontade – as opções e os compromissos que convêm tomar, para realizar as transformações sociais, políticas e econômicas" (PAULO VI, *Octogesima adveniens* [14.05.1971], n. 4.

[15] O primeiro momento – lê-se na encíclica do papa Wojtyla – é "a formulação acurada dos resultados de uma reflexão atenta sobre as complexas realidades da existência do homem, na sociedade e no contexto internacional"; é o que João XXIII tentava exprimir com o verbo "ver". O segundo momento – prossegue a *Sollicitudo rei socialis* – consiste no "julgar": Com efeito, "a sua finalidade principal é interpretar estas realidades, examinando a sua conformidade ou desconformidade com as linhas do ensinamento do Evangelho sobre o homem e sobre a sua vocação terrena e ao mesmo tempo transcendente". Finalmente, o terceiro momento está no "agir", ou seja, deduzir as indicações operativas "para orientar o comportamento" e as opções a fazer; exatamente por isso – conclui papa Wojtyla – a Doutrina Social da Igreja "pertence [...] não ao domínio da ideologia, mas da teologia e especialmente da teologia moral" (JOÃO PAULO II, *Sollicitudo rei socialis* [30.12.1987], n. 41).

destinos transcendentes que o *Deus vivo*, criador e redentor, legou ao homem".[16] Obviamente, junto com o método dedutivo, volta também a abordagem predominantemente teórica e doutrinal do tema.

Também Bento XVI, na sua bela e profunda encíclica social *Caritas in veritate* (2009), prefere, como papa Wojtyla, tanto o método dedutivo como a abordagem doutrinal. Parte, por isso, da reafirmação dos valores naturais e cristãos ("não negociáveis", como ele depois amará defini-los):

> No atual contexto social e cultural, em que aparece generalizada a tendência de relativizar a verdade, viver a caridade na verdade leva a compreender que a adesão aos valores do cristianismo é um elemento útil e mesmo indispensável para a construção de uma boa sociedade e de um verdadeiro desenvolvimento humano integral. Um cristianismo de caridade sem verdade pode ser facilmente confundido com uma reserva de bons sentimentos, úteis para a convivência social mas marginais. Deste modo, deixaria de haver verdadeira e propriamente lugar para Deus no mundo.[17]

Compreende-se, portanto, porque hoje, depois de trinta e cinco anos, o papa Francisco, na encíclica *Laudato si'*, volta a usar o método indutivo e a preferir a abordagem existencial à abordagem doutrinal ou teórica, constituindo uma clara confirmação da vontade de retomar o caminho de renovação conciliar, há muito interrompido.[18]

Com o discurso no Congresso eclesial de Firenze, o papa Francisco confirma plenamente a volta do "método indutivo" e impele a ir

---

[16] JOÃO PAULO II, *Laborem exercens* (14.09.1981), n. 4.

[17] BENTO XVI, *Caritas in veritate* (29.06.2009), n. 4.

[18] Eis como o papa Francisco descreve o método indutivo que pretende retomar na redação da encíclica *Laudato si'*: "(I) Em primeiro lugar, farei uma breve resenha dos vários aspectos da atual crise ecológica, com o objetivo de assumir os melhores frutos da pesquisa científica atualmente disponível, deixar-se tocar por ela em profundidade e dar uma base concreta ao percurso ético e espiritual seguido. (II) A partir desta panorâmica, retomarei algumas argumentações que derivam da tradição judaico-cristã, a fim de dar maior coerência ao nosso compromisso com o meio ambiente. [...] (III) À luz desta reflexão, quereria dar mais um passo, verificando algumas das grandes linhas de diálogo e de ação que envolvem seja cada um de nós, seja a política internacional. [...] proporei algumas linhas de maturação humana inspiradas no tesouro da experiência espiritual cristã" (n. 15).

além. Por um lado – diz o papa –, é preciso superar o método dedutivo; de fato, "a doutrina cristã não é um sistema fechado, incapaz de gerar perguntas, dúvidas, interrogações, mas é viva, sabe inquietar, sabe animar. Tem rosto não rígido, tem corpo que se move e se desenvolve, tem carne tenra: a doutrina cristã se chama Jesus Cristo"; portanto, a comunidade eclesial "seja uma Igreja livre e aberta aos desafios do presente, jamais na defensiva por medo de perder algo". Isto significa que a Igreja deverá estar em guarda para não colocar a sua confiança "nas estruturas, nas organizações, nas planificações perfeitas porque abstratas [...]. Diante dos males ou dos problemas da Igreja é inútil buscar soluções em conservadorismos e fundamentalismos, na restauração de condutas e de formas superadas que nem sequer culturalmente têm capacidade de ser significativas".

O compromisso de todos, pastores e fiéis, de voltar ao Evangelho implica a opção de encarnar-se na história e no mundo, de mergulhar nas situações concretas. Por isso é preciso ir além e usar o método indutivo com autêntico espírito sinodal. Com efeito, "não pôr em prática, não levar a Palavra à realidade, significa construir sobre a areia, permanecer na pura ideia e degenerar em intimismos que não dão fruto, que tornam estéril o seu dinamismo [...]. Se perdermos este contato com o povo fiel de Deus, perderemos em humanidade e não iremos a parte alguma".

Em particular, a Igreja renovada deverá ser capaz de diálogo e de encontro. "Dialogar não é negociar – disse o papa em Firenze –, [...] é buscar o bem comum para todos. Muitas vezes o encontro está envolvido no conflito. [...] Não devemos temê-lo, nem ignorá-lo, mas aceitá-lo", para depois resolvê-lo e transformá-lo em desejo de ligação. Sobre a solidariedade entre todos está fundada a necessidade do diálogo e do encontro para construir junto com os outros a sociedade civil.

> Os crentes são cidadãos. O melhor modo para dialogar não é o de falar e discutir, mas fazer algo juntos, construir juntos, fazer projetos. Não sozinhos, entre católicos, mas junto com todos aqueles que têm boa vontade. E sem medo de fazer o êxodo necessário a todo diálogo autêntico. De outro modo não é possível compreender as razões do outro, nem entender a fundo que o irmão conta mais que as posições que julgamos distantes das nossas certezas, mesmo autênticas. É irmão.

O estilo sinodal vale não só para a vida interna da Igreja, mas também na sociedade civil.

Este, portanto, é o sonho do papa Francisco: uma Igreja mãe "que compreende, acompanha, acaricia". E em Firenze repetiu a todos, a cada um de nós: "Sonhai também vós esta Igreja, crede nela, inovai com liberdade".

Apêndice 2

Doutrina Social da Igreja na América Latina a partir do Concílio Vaticano II

Élio Estanislau Gasda[*]

Introdução

Na América Latina a Doutrina Social da Igreja tem sua gênese no Concílio Vaticano II e seu desdobramento na Conferência do CELAM em Medellín. Antes havia um descompasso entre o ensino social e a realidade do povo. Os pronunciamentos do Magistério ocorriam em um contexto de convivência formal entre o poder eclesiástico e o poder do Estado que impedia a hierarquia de ver a realidade de forma autônoma. A sociedade, a política e as injustiças sociais eram vistas na ótica da aliança entre Igreja e Estado. Essa relação é resultado de um longo processo, que acompanha a história do continente desde a conquista. O poder estabelecido no período colonial promoveu um modelo de Catolicismo conhecido como Cristandade. Nele, a Igreja era uma instituição subordinada ao Estado. A instituição do ensino religioso nas escolas públicas, a presença de capelães militares nas Forças Armadas e

---

[*] Doutor em Teologia e professor de Ética Teológica e Social.

a subvenção estatal para as atividades assistenciais da Igreja são heranças desse período. No caso brasileiro, na década de 1960 o panorama modificou-se radicalmente em decorrência de dois acontecimentos que conduziram as relações entre a Igreja e o Estado brasileiro a situar-se em um novo contexto: o Concílio Vaticano II e o golpe civil-militar de 1964. Desde então, a Igreja tenta colocar-se ao lado da sociedade civil, em defesa dos direitos humanos, das liberdades democráticas, da reforma agrária, dos direitos dos trabalhadores.

A Igreja na América Latina notabilizou-se como aquela que melhor absorveu o esforço renovador deste Concílio. Dentro da amplitude desta renovação, duas dimensões merecem destaque: defesa dos direitos fundamentais da pessoa humana em face da arbitrariedade do regime de exceção; promoção da causa da população de menor poder aquisitivo, ameaçada pelo modelo avassalador de concentração de renda. O principal esforço institucional, nessa direção, provém das Conferências Episcopais Latino-Americanas (Medellín, Puebla, Santo Domingo, Aparecida).

A linguagem do magistério adota um estilo pastoral acessível ao povo. As encíclicas sociais recebem mais acolhida, documentos do episcopado latino-americano e das conferências episcopais nacionais são produzidos.[1] A Doutrina Social passa a integrar a formação do clero. O Celam cria o Departamento de Ação Social. Renomeado de Departamento de Justiça e Solidariedade, tem por objetivo animar, a partir do encontro pessoal e comunitário com Jesus Cristo e a à luz da Doutrina Social da Igreja e do acontecimento de Aparecida, uma renovada pastoral social atenta às diversas ameaças à vida de nossos povos e à criação, para anunciar a Boa Notícia da vida plena e de comunhão para todos, em especial aos pobres. O Departamento mantém uma publicação digital chamada "Suma Qamaña" ("bem viver", em língua Aymara).

Surgem institutos e organismos eclesiais voltados especificamente para a questão social: Caritas, Comissões de Justiça e Paz, escolas de

---

[1] No Brasil, o marco foi a publicação, em 1973, de três documentos episcopais: "Ouvi os clamores de meu povo' (1973, bispos do Nordeste), "Marginalização de um povo, o grito das Igrejas" (1974, bispos do Centro-Oeste), "Y-Juca-Pirama – o índio, aquele que deve morrer" (bispos e missionários da Amazônia, 1973), "Igreja e os Problemas da Terra" (1980, CNBB).

Fé e Política, centros de ação social, pastorais sociais, semanas sociais etc. São criados o IMDOSOC (Instituto Mexicano de Doctrina Social Cristiana), a REDLAPSI (Rede Latinoamericana do Pensamento Social da Igreja) e a ODUCAL (Organização de Universidades Católicas da América Latina). Institui-se o grupo de estudos em Pensamento Social da Igreja. São criadas entidades sociais (comissões de direitos humanos) e empresariais (ADCE). Os novos movimentos tiveram em sua gênese forte presença do cristianismo da libertação. A Pastoral da Terra gerou movimentos sociais reconhecidos mundialmente, como o Movimento Sem Terra, a agroecologia e a agricultura familiar. Do CIMI (Conselho Indigenista Missionário) surgiram organizações indígenas (CAPOIB – Conselho de Articulação dos Povos e Organizações Indígenas do Brasil). O laicato assumiu compromisso com trabalhos sociais, como a pastoral da criança, do menor, do povo em situação de rua etc.

O "cristianismo social da libertação" ganhou corpo nas pastorais e organizações políticas e humanitárias. A Igreja, pouco a pouco, vai cedendo seu protagonismo para as entidades da sociedade civil organizada. Muitos cristãos deram a vida em defesa da justiça social.

No esforço de cultivar a reflexão, a investigação e divulgação do pensamento social, algumas obras têm-se destacado:

- Antony Mifsud. *Una construccion ética de la utopia Cristiana* (moral social). Santiago, 1992;

- CELAM – Departamento de Acción Social: *Fe cristiana y compromiso social*: elementos para una reflexión sobre América Latina a la luz de la Doctrina Social de la Iglesia. Buenos Aires, 1983;

- CELAM. *Doctrina social de la Iglesia*: identidad teológica y social. Bogotá, 1996;

- Fernando Bastos de Ávila. *Pequena enciclopédia de Doutrina Social da Igreja*. São Paulo, 1993;

- Francisco Moreno Rejón. *Teologia Moral a partir dos pobres*: a moral na reflexão teológica da América Latina. São Paulo, 1987;

- Gregório Iriarte. *La enseñanza social del Evangelio*: compendio de ética social cristiana. La Paz, 1985;

- Peter Hunerman; Juan Carlos Scannone (dir.). *América Latina y la Doctrina Social de la Iglesia*. 5 volumes. Buenos Aires, 1991;

- Ricardo Antoncich. *Os cristãos diante da injustiça*. São Paulo, 1982.

Em suma, o Concílio Vaticano II impulsionou a renovação da DSI em todo o mundo. Medellín (1968) inaugura uma elaboração da Doutrina Social com traços mais característicos da América Latina.[2] Os documentos resultantes das assembleias ordinárias do Celam oferecerão uma visão geral do desenvolvimento da DSI.[3] Também a Teologia da Libertação (TdL) latino-americana oferecerá sua notável contribuição.

1. Transformação das estruturas injustas e opção pelos pobres (Medellín)

Contexto

Após a Segunda Guerra Mundial, surgiram na América Latina algumas teorias que se propunham a analisar o quadro da economia local e as relações da região com o resto do mundo. Uma delas foi a *Teoria do Desenvolvimento*, que identificou os obstáculos que impediam a modernização da região. Ensinava-se que o subdesenvolvimento é fundamentalmente um problema de atraso técnico dos países pobres; a solução era a modernização. Esta perspectiva defendia que os países só se desenvolveriam a partir da industrialização orientada pelo Estado. Com a crise desta teoria, surge a *Teoria da Dependência*, que descobrirá a dimensão política do problema: o subdesenvolvimento de um país está ligado ao enriquecimento do outro. A *Teoria* ajudava a explicar a pobreza na América Latina. O subdesenvolvimento é parte de

---

[2] REJÓN, F. M. *Teologia Moral a partir dos pobres*: a moral na reflexão teológica da América Latina. Aparecida: Santuário, 1987.

[3] CELAM – CONSELHO EPISCOPAL LATINO-AMERICANO. *Documentos do CELAM*: Conclusões das Conferências do Rio de Janeiro, Medellín, Puebla e Santo Domingo. São Paulo: Paulus, 2004.

um mesmo sistema econômico-político ocidental (capitalismo liberal) onde há países ricos e desenvolvidos e países subdesenvolvidos.

O ponto de partida é a realidade de opressão e violência contra os países do chamado *terceiro mundo* e suas populações. A indignação com a injustiça internacional levou a uma práxis comprometida com a libertação dos pobres e a transformação da realidade. Os reformistas defendiam que a superação da pobreza pode ser alcançada por meio de políticas públicas da intervenção do Estado. Os revolucionários defendiam que a situação deve ser superada por meio do enfrentamento do sistema capitalista. Um dos eventos inspiradores foi a Revolução Cubana (1959).

Teólogos assumem o desafio de pensar as lutas dos pobres contra as injustiças sociais a partir da fé. Neste contexto ocorre a II conferência episcopal do Celam, em Medellín (1968). Abre-se um período de reflexão e ação sociopolítica dos cristãos. Os bispos do Celam reunidos em Medellín protagonizaram uma recepção criativa do Concílio Vaticano II.

O título do *Documento final* expressa a importância de Medellín: *A Igreja na atual transformação da América latina à luz do Concílio*. A realidade é interpretada a partir da categoria "sinais dos tempos" (GS 4a; 11). Medellín traduziu a renovação da DSI e aterrissou a encíclica *Populorum progressio* de Paulo VI. A toda a Igreja foi dirigida a pergunta: que serviço se pode prestar ao povo pobre num continente de opressão e libertação? Que significa comprometer-se num contexto de América Latina?

Medellín teve uma influência real na Doutrina Social elaborada posteriormente, inclusive em nível universal. De um lado, recolhe elementos da *Gaudium et spes*; de outro, introduz as novidades nascidas da visão da realidade latino-americana. O pensamento social é elaborado a partir dos pobres e das periferias. A América Latina é uma comunidade de povos, com uma história própria com valores e problemas semelhantes.

Consolida-se um novo método de reflexão sobre a realidade social: ver-julgar-agir. A estrutura metodológica inicia-se com uma "análise da realidade" seguida de uma "reflexão teológica" para concluir com "projeções pastorais". Uma Doutrina Social formulada sistematicamente como um saber crítico e científico. Incorpora-se, assim, a experiência pessoal e coletiva à reflexão. O aspecto sociológico oferece os traços específicos da realidade da América Latina, convertendo-se em instância ética de tomada de posição contra o sofrimento dos pobres. O compromisso emana da vivência da situação.

O discurso focaliza a justiça social. Superou-se a concepção intimista do pecado, destacando sua dimensão socioestrutural. O pecado é causador de divisão das relações sociais e fraternas. O sentido profundo das convulsões sociais daquele momento histórico é o fato de que os povos aspiram a sua libertação e seu crescimento em humanidade. A Igreja se reconhece como parte desta comunidade de povos que anseiam por libertação.

Dentro do vasto conjunto de temas, o mais próximo à Doutrina Social está na primeira parte, sobretudo os dois primeiros documentos referentes à justiça e à paz. Entre os temas vinculados à promoção humana destacam-se: Justiça e Paz; Família e Demografia; Educação e Juventude, urgência de transformações profundas das estruturas, postura crítica diante dos sistemas capitalista e marxista, reforma agrária, condenação de todas as formas de violência.

O pobre e a libertação são assumidos como categorias da DSI. No coração do ensino social refulgiu a opção pelos pobres e o compromisso pela sua libertação. Ao introduzir esta opção, a DSI interpreta os textos da Sagrada Escritura, da Patrística e do Magistério sob a realidade do excluído. Os temas sociais são vistos a partir da causa do pobre, articulando um projeto histórico de libertação integral.

A tarefa de elaborar a DSI a partir de uma situação concreta destaca o papel imprescindível das Igrejas locais e do laicato: realização de semanas sociais para elaboração da Doutrina Social aplicada aos problemas; criação de pastorais sociais para assumir as iniciativas na área de atuação aparecem com estratégias.

No que diz respeito à ação política, Medellín inaugura uma nova relação entre Igreja e Estado. O novo enfoque da evangelização desautoriza alianças entre a Igreja (Cristianismo) e as forças conservadoras da oligarquia latino-americana que havia séculos controlava a religião.

A mudança das estruturas sociais passa pela reforma política. O capítulo dedicado ao laicato reconhece a importância de sua participação na sociedade. A conscientização política faz parte da evangelização.

A principal conquista consiste na formulação de uma ética crítica que incorpore a dimensão profética e utópica inerente à DSI. A Igreja tomou consciência da dimensão estrutural da injustiça. A preocupação com os pobres é retomada de modo muito fecundo e criativo. A Igreja latino-americana compreende e vive o compromisso com o Evangelho na luta pela justiça.

2. A promoção da justiça é parte integrante da evangelização (Puebla)

Puebla oferece grandes contribuições no desenvolvimento da DSI. Na década de 1970 as ditaduras civil-militares cometeram gravíssimas violações dos direitos humanos, com milhares de desaparecidos, torturados, mortos e exilados políticos. Em toda a América Latina se agravou a situação violenta que se pode chamar institucionalizada, na qual a dignidade humana é violada até em seus direitos mais fundamentais.

Nesse período muitos cristãos se mantiveram firmes na luta pelas mudanças das estruturas sociais. Apesar de toda perseguição, as Comunidades Eclesiais de Base se expandiram. Surgiram pastorais de forte acento profético-libertador como a CPT, o CIMI, a Pastoral Operária. Neste contexto aconteceu, em 1979, a III Conferência Geral do Episcopado Latino-americano, em Puebla.

O Documento final tem o selo do pensamento de Paulo VI na *Evangelii Nuntiandi* (1975). O discurso inaugural pronunciado por João Paulo II resgatou a Doutrina Social da Igreja com seu caráter dinâmico. Sua finalidade é a promoção de libertação integral da pessoa humana, contribuindo para a construção do Reino de Deus. A fundamentação teológica do processo de libertação encontra-se no seguimento de Jesus.

O conceito "libertação" aparece imediatamente vinculado à Doutrina Social da Igreja e é ampliado, acentuando-se não apenas a libertação da opressão mas também a comunhão e a participação. A salvação na história se dá em comunhão com Deus e com o irmão. Não se ama verdadeiramente a Deus sem comprometer-se com a justiça social e a promoção de grupos em situação de opressão e violência. Toda a ação da Igreja deve ser libertadora. O conceito possui dois elementos inseparáveis: a libertação de toda servidão do pecado pessoal e social e a libertação para o desenvolvimento integral. Ambas se dão na história. A condição fundamental da autêntica libertação é a superação de todas as escravidões impostas pelos ídolos (riqueza, poder, prazer).

A injustiça institucionalizada se apresenta como o principal desafio da sociedade. Os cristãos leigos são convocados ao protagonismo na missão evangelizadora, da qual a promoção da justiça é parte integrante e indispensável.

A opção pelos pobres exigida ante o escandaloso desequilíbrio social é o aspecto mais importante da evangelização libertadora. A DSI deve despertar nos oprimidos sua dignidade e ajudá-los a libertar-se das escravidões. Algumas atitudes são imprescindíveis: denunciar a pobreza extrema de milhares de latino-americanos, conhecer os mecanismos geradores da pobreza, somar esforços com todas as pessoas comprometidas com a justiça social, apoiar as lutas dos trabalhadores por direitos e dignidade, defender os povos indígenas e suas culturas, os direitos humanos e os migrantes e refugiados.

3. Evangelização, ideologias e política

A Doutrina Social oferece critérios para o compromisso político do cristão. Puebla aponta elementos para um discernimento político diante do contexto das ditaduras, da supressão da democracia, da doutrina de segurança nacional, da deterioração do sistema político e das instituições, do regime de violência. Os sistemas e as ideologias pedem uma reflexão orientada pelo Evangelho e pela Doutrina Social. A dimensão política é tão relevante que é impossível desconsiderá-la na evangelização.

Política, em sentido amplo, visa à organização da comunidade na realização do bem comum; em sentido estrito, refere-se à busca da conquista e exercício do poder. O laicato, apoiado pelo clero, é incentivado a participar da política. Puebla salienta a militância partidária e o exercício de cargos públicos. O empenho na construção de estruturas sociais mais justas pede uma sólida formação ética, social e apostólica que possa ser oferecida por institutos criados para essa finalidade.

A educação deve produzir os agentes da transformação permanente. A hierarquia da Igreja contribui oferecendo formação, espiritualidade e estímulo na construção de modelos de sociedade mais coerentes com o bem comum e as necessidades dos pobres. A contribuição dos cristãos é indispensável na elaboração de projetos, conforme as necessidades de cada contexto.

Ideologia é toda concepção que oferece uma visão dos diversos aspectos da vida e as aspirações de um grupo social. Toda ideologia é parcial, e será legítima se os interesses forem éticos. Neste sentido positivo, elas são necessárias enquanto mediações para a ação. Em sentido negativo, as ideologias possuem a tendência de absolutizar as aspirações que defendem e estratégias que adotam. Apresentam-se como uma explicação definitiva da realidade. Podem instrumentalizar pessoas e instituições. Muitos vivem dentro dos limites de suas ideologias sem tomar consciência disso. A Doutrina Social da Igreja é um instrumento adequado para um discernimento crítico sobre as ideologias.

As ideologias exigem discernimento. O liberalismo capitalista gera a idolatria da riqueza em sua forma individual. Os privilégios ilegítimos, derivados do direito absoluto de propriedade, causam contrastes escandalosos, dependência e escravidão. O coletivismo marxista-materialista conduz à idolatria da riqueza em sua forma coletiva. Ambas as ideologias – liberalismo capitalista e marxismo – se inspiram em humanismos fechados à transcendência e desrespeitam a dignidade da pessoa humana.

A Doutrina social orienta a manter a liberdade com relação aos sistemas econômicos e ideologias políticas. No centro da mensagem cristã se encontra inspiração para agir em favor da justiça social e combater as formas de violência e escravidão. É preciso discernimento no envolvimento com movimentos históricos nascidos das ideologias, a fim de evitar os riscos de instrumentalização da fé.

Dimensão cultural da libertação. A evangelização dirige-se ao homem total que se conforma na cultura. A relevância da dimensão cultural justifica-se porque nela se localizam os valores fundamentais que informam todas as estruturas e instituições da sociedade. A cultura latino-americana está impregnada pelo Cristianismo, mas vem sofrendo os impactos da civilização moderna, urbana e industrial.

Libertação da mulher. A Igreja se compromete com a ampliação de participação ministerial e social da mulher. Não somente apoia, mas pede que a mulher assuma um papel mais ativo e protagonista na reflexão teológica. É imprescindível reconhecer a situação de dupla opressão da mulher – como pobre e como mulher –, ainda mais se for indígena ou negra. A organização das mulheres é necessária na conquista dos direitos e do seu lugar na Igreja e na evangelização. Puebla afirma a dignidade da mulher como ser cocriador com Deus e reconhece a necessidade de as mulheres recuperarem o seu passado eclesial para reformá-lo.

4. Promoção humana e reforma econômica (Santo Domingo)

A IV Conferência Geral do Episcopado Latino-Americano aconteceu em Santo Domingo. O documento final assumiu a perspectiva de João Paulo II por uma nova evangelização, relacionando-a com promoção humana e cultura. Entre evangelização e promoção humana – desenvolvimento, libertação – existem laços antropológicos, teológicos e evangélicos profundos. O pedido de perdão feito pela Igreja aos povos indígenas e aos povos africanos foi um marco desta Conferência.

A "questão social" é descrita nas consequências negativas do liberalismo econômico: ajustes econômicos do FMI, dívida externa, privatizações, crescimento da miséria, mobilidade humana. A promoção humana se apresenta como o grande desafio pastoral. Os elementos principais desta nova orientação estão concentrados no Capítulo 2 da Segunda Parte: Promoção humana, dimensão privilegiada da Evangelização.

O documento outorga à Doutrina Social da Igreja um lugar privilegiado como parte necessária da evangelização. Uma sólida formação nesta doutrina é condição para que o laicato assuma seu protagonismo na sociedade. Reforçar o estudo, a difusão e a prática da Doutrina Social da Igreja em todas as esferas da vida eclesial. Santo Domingo enumera diversas preocupações como os sinais dos tempos. Os mesmos podem ser classificados em quatro blocos: política, economia, sociedade e família.

A política contempla os direitos humanos, a democracia, a integração latino-americana. Aumentaram as violações contra a vida humana: repressão, assassinatos, extrema pobreza, estruturas econômicas injustas, violências contra os direitos das crianças, da mulher e dos grupos mais vulneráveis (camponeses, indígenas e afro-americanos e vítimas do narcotráfico). Neste ponto, o documento confere à DSI uma notável contribuição a respeito da origem teológica dos Direitos humanos: Cristo é a fonte mais profunda da garantia pelo respeito à dignidade humana. Portanto, qualquer violação dos direitos humanos contradiz o Plano de Deus, consequentemente, é pecado grave. É urgente promover os direitos humanos a partir do Evangelho e da Doutrina Social da Igreja. Empenhar-se na superação de toda discriminação por razão de raças, nacionalismos, culturas, sexos e credos, procurando eliminar todo ódio e promovendo a reconciliação.

A democracia deteriorou-se: corrupção, distanciamento dos partidos com relação às necessidades da comunidade; vazios programáticos, clientelismo e populismo. A Igreja tem simpatia pelo sistema da democracia à medida que assegura a participação dos cidadãos. A Doutrina Social inspira o povo em suas lutas e anseios de participação no Estado de direito. Criar condições para que o laicato se forme na Doutrina Social da Igreja em vista de contribuir na ética política.

Em relação ao processo de integração latino-americana, experimenta-se um isolamento das nações, ao mesmo tempo em que se incrementa a globalização. A DSI apoia o fomento e o acompanhamento de esforços em prol da integração latino-americana como "pátria grande".

A dimensão da economia implica o mercado neoliberal, a dívida externa, a precarização do trabalho, a concentração latifundiária e a exploração da terra, a ecologia e o desenvolvimento sustentável. A economia de mercado deve ter limites para que não seja absolutizada. O aprofundamento da brecha entre ricos e pobres golpeia as grandes maiorias. Diante da mentalidade consumista é preciso assentar as bases da economia solidária e fomentar a busca de alternativas ao modelo econômico. Reconhecer o papel social da empresa, da propriedade privada e da responsabilidade para com os meios de produção, da criatividade humana, no marco jurídico da justiça social.

No mundo do trabalho os direitos do trabalhador são um patrimônio moral que deve ser tutelado por uma adequada legislação social e sua instância judicial. Apoiar os movimentos e organizações de trabalhadores, favorecer a formação de trabalhadores, empresários e governantes.

A Doutrina Social alerta para a gravidade da crise ecológica. Urge uma ética ecológica que reoriente o desenvolvimento sustentável. Aprender dos pobres a austeridade e a partilha, valorizar a sabedoria dos povos indígenas. Para eles, a terra é vida, lugar sagrado de comunhão com os ancestrais.

Na dimensão da sociedade, a situação de extrema pobreza de milhões é o mais devastador e humilhante flagelo que vive a América Latina e o Caribe. O neoliberalismo aprofunda ainda mais esta situação. Essa realidade exige uma opção evangélica pelos pobres, firme e irrevogável, não exclusiva nem excludente. Descobrir nos rostos sofredores dos pobres o rosto do Senhor (cf. Mt 25,31-46). Encontrar os rostos desfigurados pela fome, consequência da inflação, da dívida externa e das injustiças sociais; os rostos desiludidos pelos políticos; rostos humilhados por causa de sua própria cultura desprezada; rostos angustiados dos menores abandonados; rostos sofridos das mulheres humilhadas; rostos cansados dos migrantes; rostos envelhecidos pelo tempo e pelo trabalho. Assumir e privilegiar o serviço aos mais pobres entre os pobres; fazer das paróquias espaços de solidariedade.

Entre os novos rostos da exclusão, há um incremento da migração para os países do Norte e para países latino-americanos mais desenvolvidos, fenômenos de repatriação e deportação de indocumentados. Nos países com problemas de migração por causas socioeconômicas não existem medidas sociais para detê-la; nos países receptores, uma tendência a impedir seu ingresso. Diante desta realidade, é preciso reforçar a pastoral da mobilidade humana; conscientizar a sociedade sobre o problema das migrações; apresentar alternativas aos camponeses para que não sejam obrigados a migrar para a cidade.

O enfrentamento das questões sociais considera os efeitos da conjuntura socioeconômico-político-ecológico-cultural sobre a mulher. Santo Domingo consolida a possibilidade de a mulher ser realmente uma participante ativa na Igreja. Denuncia tudo o que atenta contra a vida e contra a dignidade da mulher, sua sexualidade, seu trabalho e condições precárias e de exploração. O documento reflete um compromisso, sem reservas, com o homem e a mulher concretos, e não com o "homem abstrato", abrindo novos espaços para a atuação e a reflexão, exercitando novos papéis, principalmente no processo de tomada de decisões na família, na sociedade e na Igreja.

5. Globalização e cultura da solidariedade (Aparecida)

Aparecida aborda grandes questões sociais, as ilumina com a Palavra de Deus e busca critérios éticos para o discernimento. A Doutrina Social da Igreja é uma riqueza das comunidades cristãs em seu empenho por evangelizar os distintos âmbitos da sociedade. Se não há esperança para os pobres, não haverá para ninguém, nem sequer para os chamados ricos. As pastorais sociais recebem grande impulso para investir na formação social, política e econômica dos cristãos. A Igreja orienta os cristãos que atuam no campo político-social com vistas a transformar a sociedade injusta.

A dimensão sociopolítica do *discipulado missionário* encontra-se na Terceira Parte do Documento final.[4] No contexto da dignificação do ser humano e no trabalho coletivo pelo bem comum é urgente criar estruturas que consolidem uma ordem social, econômica e política mais justa. A realidade dos excluídos exige uma Igreja samaritana, advogada da justiça e defensora dos pobres.

A Justiça Social se insere no amplo contexto do anúncio do Reino de Deus e da promoção da dignidade humana. A globalização neoliberal fez emergir novos rostos da exclusão: os migrantes, as vítimas da violência, os deslocados e refugiados, as vítimas do tráfico de pessoas e sequestros, desaparecidos, enfermos de HIV, toxicodependentes, idosos, meninos e meninas vítimas da prostituição, pornografia e violência ou do trabalho infantil, mulheres vítimas da violência e do tráfico humano, pessoas com capacidades diferentes, grupos de desempregados,

---

[4] CELAM – CONSELHO EPISCOPAL LATINO-AMERICANO. *Documento de Aparecida*. São Paulo: Paulinas/Paulus/CNBB, 2007.

excluídos pelo analfabetismo tecnológico, moradores em situação de rua, indígenas e afro-americanos, agricultores sem terra e mineiros. Os pobres não se reduzem à dimensão socioeconômica. A justiça social não se reduz a políticas de distribuição mais equitativa de renda e riqueza. Um novo tipo de demanda articula a equidade econômica ao reconhecimento de grupos discriminados.

O modelo atual é injusto, antiecológico, concentrador de riqueza, fragiliza o Estado e não respeita os direitos sociais. A Igreja tem uma responsabilidade em formar cristãos e sensibilizá-los a respeito destas grandes questões de justiça social. Aparecida defende uma globalização marcada pela solidariedade e pelo respeito aos direitos humanos e pela ecologia. Os cristãos são chamados a participar da sociedade civil para ajudar a reabilitar a ética em todas as esferas. Ocupar os espaços de participação social para proteger a democracia, estimular uma verdadeira economia solidária e um desenvolvimento integral, solidário e sustentável. A Igreja reconhece a partir da fé as sementes do Verbo presentes nas tradições e culturas dos povos indígenas e originários no fortalecimento de suas identidades.

É necessário priorizar a criação de oportunidades econômicas para setores da população tradicionalmente marginalizados, como as mulheres e os jovens da periferia. Por isso, trabalhar por uma cultura da responsabilidade em todo nível que envolva pessoas, empresas, governos e o sistema internacional. A opção pelo sujeito social – o pobre – e seu lugar social faz dos cristãos agentes da criação de estruturas que consolidem uma ordem social, econômica e política inclusiva.

6. Contribuição da Teologia da Libertação

No período imediatamente anterior a Medellín, mas, sobretudo, pós-Medellín, surge uma importante corrente de pensamento denominada Teologia da Libertação (TdL). A mesma contribuirá de forma notável para o desenvolvimento da DSI.[5] A TdL é elaborada a partir da realidade dos povos colonizados e subdesenvolvidos, mas, especialmente, a partir da necessidade de libertação. A ética é refletida pelo viés

---

[5] SCANNONE, J. C. *Teología de la Liberación y Doctrina Social de la Iglesia*. Madrid: Cristiandad, 1987.

do clamor dos pobres. A partir da vítima há de se cultivar, desenvolver e concretizar a práxis de justiça.

Até meados da década de 1970, a DSI era estudada por autores europeus ligados à Democracia Cristã. Na América Latina ela não mobilizava as bases eclesiais e sociais, não inspirava movimentos de libertação. Era acolhida nos meios reformistas/liberais da tradição cristã. Já a TdL respondia melhor aos anseios das CEBs, das pastorais sociais e das organizações comprometidas com a mudança social e a resistência contra as ditaduras.

Atualmente, o magistério pontifício reconhece a contribuição da TdL para a evolução da DSI. O processo de aproximação entre DSI e TdL começou com as *Instruções* da Congregação para a Doutrina da Fé.[6] Apesar das críticas e do diálogo espinhoso de ambas as partes, a DSI incorporou não só o espírito, mas diversos elementos da TdL. A segunda *Instrução, Liberdade Cristã e Libertação*, foi de especial relevância. Logo na definição de DSI se diz: "DSI é um conjunto de princípios de reflexão, de critérios de juízo e de diretrizes para a ação, orientada a promover a transformação das estruturas sociais, a fim de garantir condições de vida digna e verdadeiramente humanas a todas as pessoas" (n. 72).

O encontro da DSI com a TdL se dá na luta da transformação das estruturas e na defesa inegociável da dignidade humana. A *Instrução* enumera princípios básicos da ética social defendidos pela TdL: justiça social, libertação, solidariedade, opção firme e profética pelos pobres contra a pobreza.

Todos os sistemas que violam a vida do povo devem ser denunciados. Recomenda-se prudência e liberdade diante do capitalismo e dos socialismos realmente existentes. Há convergência quanto à descrição das injustiças do capitalismo real na América Latina. Tanto para a TdL como para a DSI, este capitalismo produz a riqueza de uns poucos à custa da miséria de muitos, através de mecanismos de exploração, dividindo a sociedade em duas classes movidas por interesses contrários e conflitivos.

---

[6] CONGREGAÇÃO PARA DOUTRINA DA FÉ. *Libertatis Nuntius* (primeira instrução, 1984); *Liberdade Cristã e a Libertação* (segunda instrução, 1986).

Campos prioritários de ação transformadora: mundo do trabalho, da cultura e da educação, libertação socioeconômica de milhões de homens e mulheres cuja situação de opressão econômica, social e política é intolerável. O Destino Universal dos Bens e a Justiça Social recebem a perspectiva dos pobres e despossuídos. Devem-se respeitar as culturas originárias e autóctones e das minorias, inculturar uma fé libertadora nas camadas populares que favoreça a formação da consciência crítica.

João Paulo II acolheu a contribuição da TdL em muitos aspectos, principalmente nas Encíclicas sociais *Laborem exercens* e *Sollicitudo rei socialis*. Antes do Concílio Vaticano II se falava do conceito de pecado social ou dimensão social do pecado, ou seja, um mal causado de forma coletiva, com consequências sociais. A partir de Medellín e da Teologia da Libertação, muda-se o foco para o conceito de pecado estrutural. Há estruturas sociais, econômicas, políticas ou culturais geradoras de sofrimento, opressão e exclusão. São pecados cuja cristalização aparece em estruturas injustas (Medellín). São muitas as causas desta situação de injustiça, porém, na raiz de todas elas, se encontra o pecado, tanto em seu aspecto pessoal como nas próprias estruturas.

A Doutrina Social da Igreja assume o conceito de "estruturas de pecado" aplicando-o às estruturas econômico-sociais que produzem a exploração. As estruturas devem ser denunciadas e transformadas sempre que violam a justiça e a dignidade humana. Estruturas sociais são necessárias, mas tendem a corromper-se, pois dependem da responsabilidade humana. Pecado pessoal e pecado social são inseparáveis.

João Paulo II utilizará a expressão uma dezena de vezes em *Sollicitudo rei socialis* (SRS).[7] Não é possível compreender profundamente a realidade sem falar de "estruturas de pecado". No Capítulo III analisa a situação do mundo e identifica a existência de mecanismos econômicos, financeiros e sociais que, ainda que sejam manejados pela vontade humana, funcionam de modo quase automático, tornando mais inflexível as situações de riqueza de uns e de pobreza da maioria. No Capítulo V – Leitura teológica dos problemas modernos – o pontífice qualifica tais mecanismos de "estruturas de pecado". Tais estruturas

---

[7] JOÃO PAULO II. Carta encíclica *Sollicitudo Rei Socialis* (1987). São Paulo: Paulinas, 2000.

aparecem como a acumulação de pecados pessoais e são originadas em ideias e atitudes opostas ao Reino de Deus e ao bem comum, entre as quais duas são as mais importantes: a obsessão pelo acúmulo/ganância e o desejo insaciável pelo poder. Ambas buscadas a qualquer preço. Certas decisões aparentemente inspiradas pela economia ou pela política ocultam verdadeiras formas de idolatria.

A avaliação positiva que João Paulo II fez da TdL ficou conhecida nos meios eclesiais:

> Na medida em que a Teologia da Libertação se esforça por encontrar respostas justas aos desafios eclesiais e sociais, respostas interpenetradas pela compreensão para com a experiência da Igreja, tão eficazes e construtivas quanto seja possível, e ao mesmo tempo em harmonia e coerência com o Evangelho e a Tradição Viva da Igreja, a Teologia da Libertação não só é oportuna mas é útil e necessária. E deve constituir uma nova etapa desta reflexão teológica iniciada com a tradição apostólica, continuada pelos doutores e pontífices, com o magistério e, em épocas mais recentes, com a DSI expressada em seus documentos.[8]

O reconhecimento do valor da TdL implica o reconhecimento da DSI por parte da mesma. Cada dimensão possui seu lugar na Igreja. A TdL não é doutrina. Ela não substitui a DSI. Por sua vez, a DSI não substitui a Teologia. São instâncias complementares e interdependentes. Na DSI, o sujeito que elabora o conteúdo é o Magistério e seu objeto é a questão social. Na TL o sujeito que elabora o conteúdo é o teólogo e seu objeto é a revelação, não apenas a questão social. As duas estão a serviço do Povo de Deus, do compromisso com os pobres e com o projeto do Reino. Ambas pretendem oferecer respostas para a questão social a partir da fé. Partem da realidade, são interdisciplinares e, ao fazer uma leitura dos *sinais dos tempos*, a partir da perspectiva de Jesus, cumprem a dimensão profética da fé. A principal convergência entre as duas instâncias é estabelecida pela centralidade do Evangelho do Reino.[9]

---

[8] JOÃO PAULO II. *Mensagem à CNBB*, 09.04.1986.

[9] ANTONCICH, R. Teología de la Liberación y Doctrina Social de la Iglesia. In: ELLACURÍA, I. SOBRINO, J. (org.). *Mysterium Liberationis*. Madrid: Trotta, 1990, p. 467-510; CHARBONNEAU, P. E. *Da* Rerum Novarum *à Teologia da Libertação*. São Paulo: Loyola, 1986; SCANNONE, J. C. *Teología de la Liberación y Doctrina*

7. Doutrina Social do Papa Francisco e TdL

A opção firme da TdL pelos descartados e sua cultura aparece com todo vigor com o Papa Francisco: "Os povos do mundo querem ser artífices do seu próprio destino. Querem que a sua cultura, o seu idioma, os seus processos sociais e tradições religiosas sejam respeitados"[10]. Com ele, a DSI se abre a formas de conhecimento que contemplam possibilidades desprestigiadas. Um pensamento de fronteira que reflete diferentes experiências. Estudos feministas, de gênero, étnicos, asiático-americanos, povos originários, afro-americanos, começam a ser acolhidos. Com Francisco, a forma simbólico-narrativa dos ameríndios e afrodescendentes também é apropriada para pensar a ética cristã, ou seja, ela contém sinais do Reino. A ação salvadora de Deus acontece na totalidade da criação, na multiplicidade das culturas e religiões. A DSI adquire um perfil mais transcultural e inter-religioso, de fronteira.

A injustiça social se expressa em formas de discriminação de natureza simbólica e moral. Entidades e movimentos organizados em torno da etnia, do povo, do gênero e da sexualidade, da profissão lutam para que suas identidades sejam reconhecidas. O pobre não é apenas pobre econômico, mas também é negro, indígena, mulher, gay, transexual etc. O campo da justiça social é, simultaneamente, a redistribuição e o reconhecimento. *Evangelii Gaudium*, n. 59: "Hoje, em muitas partes, reclama-se maior segurança. Mas, enquanto não se eliminar a exclusão e a desigualdade dentro da sociedade e entre os vários povos, será impossível desarraigar a violência".

Com o papa Francisco, o conceito de estruturas injustas é assumido de forma definitiva pela DSI:

> Assim como o bem tende a difundir-se, assim também o mal consentido, que é a injustiça, tende a expandir a sua força nociva e a minar, silenciosamente, as bases de qualquer sistema político e social, por mais sólido que pareça. Se cada ação tem consequências, um mal embrenhado nas estruturas de uma sociedade sempre contém um potencial de

---

Social de la Iglesia. Madrid: Cristiandad, 1987.

[10] FRANCISCO Papa. Discurso no II Encontro Mundial dos Movimentos Populares. Santa Cruz de la Sierra, 09.07.2015.

dissolução e de morte. É o mal cristalizado nas estruturas sociais injustas, a partir do qual não podemos esperar um futuro melhor (*Evangelii Gaudium*, n. 59).[11]

Outro elemento que Francisco enfatiza é a crítica teológica da economia. Teólogos da Libertação vinculados ao DEI (Departamento Ecumênico de Investigação – Costa Rica) desenvolveram nas décadas de 1980 e 1990 uma crítica teológica ao sistema de mercado capitalista. Hinkelammert, Assmann, Dussel e Jo Mo Sung elaboraram não somente uma crítica moral utilizando-se das fontes bíblicas ou da tradição, mas uma leitura do capitalismo a partir do conceito de idolatria.[12]

O sistema econômico traz o problema teológico da idolatria, ensina Francisco:

> A crise financeira nos faz esquecer que, na sua origem, há uma crise antropológica profunda: a negação da primazia do ser humano. Criamos novos ídolos. A adoração do antigo bezerro de ouro (Ex 32,1-35) encontrou uma nova e cruel versão no fetichismo do dinheiro e na ditadura de uma economia sem rosto e sem objetivo verdadeiramente humano (*Evangelii Gaudium*, n. 57).

No Discurso ao I Encontro com Movimentos Populares (Vaticano, 29.10.2014): "Estamos vivendo a terceira guerra mundial, mas em cotas. Há sistemas econômicos que, para sobreviver, devem fazer a guerra. Então, fabricam e vendem armas e, com isso, os balanços da economia que sacrificam o homem aos pés do ídolo do dinheiro, obviamente, ficam saneados".

O atual magistério expande o patrimônio comum da Teologia da Libertação latino-americana e muda o acento de uma ética sexual para a ética social. "Uma verdadeira abordagem ecológica sempre se torna uma abordagem social, que deve integrar a justiça nos debates sobre o meio ambiente, para ouvir tanto o clamor da terra como o clamor dos pobres" (*Laudato si'*, n. 49). A Igreja, através da DSI, vai se libertando

---

[11] FRANCISCO, Papa. Exortação apostólica *Evangelii Gaudium*. São Paulo: Paulinas, 2013.

[12] ASSMANN, H; HINKELAMMERT, F. *A idolatria do mercado*: ensaio sobre economia e teologia. Petrópolis: Vozes, 1989.

da obsessão com a sexualidade para priorizar a justiça social e denunciar os pecados do capital.

Quando o papa Francisco considera a importância da inclusão social dos pobres, sinaliza que é herdeiro da tradição da teologia latino-americana enraizada em Medellín, Puebla e na TdL. Bispos e teólogos assumiram uma clara e profética opção preferencial e solidária pelos pobres. "Ninguém pode sentir-se exonerado da preocupação com os pobres e com a justiça social" (*Evangelii Gaudium*, n. 202).

8. Considerações finais

O espírito renovador do Concílio Vaticano II foi propício para a mudança da presença social da Igreja na América Latina. Não somente impulsionou, mas inaugurou uma nova forma de pensar e propor a Doutrina Social da Igreja (DSI).

No contexto de uma Igreja mais sinodal e participativa, a DSI deixou de ser elaborada unicamente de cima (Igreja docente) para baixo (Igreja discente), como no período pré-conciliar. A partir da Conferência de Medellín, leigos, bispos e teólogos prolongaram para dentro da Igreja, com ousadia e criatividade, um pensamento social com traços mais característicos do continente. O fato de situar-se no coração da realidade dos povos levou a mudar as relações entre Igreja e os governos. Não mais uma Igreja aliada do Estado, mas ao lado da sociedade civil. As demandas abrangem os âmbitos econômico, social, cultural e político.

a) Método

A leitura da "questão social" e o processo de discernimento em torno da práxis são realizados à luz do Evangelho e da realidade histórica. Não se parte de abstrações ou princípios universais como a lei natural. Não é possível entrar no "mistério de Deus" sem antes descobrir que Deus está comprometido com a realidade dos povos do continente. O Deus da experiência pessoal é o Deus da história. Trata-se de refletir à luz do Reino de Deus.

O encontro do Evangelho com a realidade exige um enquadramento contextualizado do discurso. As aproximações à experiência humana se fazem por mediação das ciências humanas e da vida dos povos.

Antes de oferecer soluções apressadas, analisa-se em profundidade a estrutura, os mecanismos, as instituições, as ideologias e a cultura envolvidos no sistema gerador da injustiça. Os instrumentos de análise proporcionam um encontro honesto e crítico com a realidade. A orientação metodológica conciliar traduz-se no método ver-julgar-agir, conjugando a dimensão científica, profética e utópica do Evangelho. A convergência entre magistério social e teologia que se dá no método, no conteúdo e nos objetivos aparece de forma notável no pontificado do papa Francisco.

b) Categorias centrais

O Concílio Vaticano II inseriu a DSI no âmbito da teologia moral, não da filosofia social ou de uma "terceira via" entre capitalismo e socialismo. A historicidade da salvação, expressa no compromisso com o Reino de Deus, é seu princípio teológico fundamental. O amor a Deus leva ao compromisso com os abandonados da terra e com todos aqueles que clamam por justiça.

A DSI acentua a dimensão histórica da problemática social. A modernidade recebe uma leitura mais sociopolítica e é interpretada a partir da dimensão estrutural da injustiça que se instalou na América Latina desde a conquista e a colonização. Pecado da idolatria é o conceito teológico utilizado para identificar as causas ocultas da imposição de sistemas socioeconômicos violentos sobre a vida dos pobres. O pecado é uma realidade oposta ao Reino de Deus, contém uma dimensão sociopolítica. Ainda que se origine no coração do indivíduo, o pecado leva ao não reconhecimento do direito do outro e ao eclipse da compaixão pelo desvalido, e instala relações sociais de injustiça. Pode ser verificado na política, na economia, na cultura, no judiciário, na religião, na educação, na mídia. A crítica permanente contra o capitalismo se apoia nesta leitura da realidade.

O interesse pelo indivíduo moderno do Concílio é assumido de forma explícita na figura histórica do injustiçado. A opção pelos pobres é constantemente afirmada e confirmada. Pertence ao coração do Evangelho. A Igreja dos pobres é uma nota fundamental da eclesiologia latino-americana. Uma Doutrina Social elaborada a partir dos pobres e para toda a Igreja. São eles os protagonistas da história da salvação.

Negar sua eminente dignidade na Igreja seria uma heresia. Na fidelidade aos pobres, a Igreja põe em cheque sua fidelidade a Cristo.

A categoria de justiça social se insere na universalidade do anúncio do Reino de Deus. Nesse sentido, pobre é uma categoria abrangente. Incorpora não apenas o empobrecido e excluído economicamente. Pobre também é o negro, o indígena, a mulher, o gay e o transexual, os perseguidos por motivos religiosos e culturais. Lutar por justiça social é assumir a defesa dos direitos fundamentais de rostos concretos.

A dimensão política faz parte da evangelização porque a mudança das estruturas sociais exige o compromisso político. O protagonismo do laicato é insubstituível. Como Igreja, ele se coloca a serviço da dignidade humana e do bem comum, da democracia e da ética. A participação dos cristãos nas diversas instâncias da sociedade visa à defesa do direito dos pobres e à promoção da justiça social.

A DSI adquire um caráter mais aberto e transcultural. A ação de Deus acontece na totalidade da criação, na multiplicidade das culturas e religiões. A ecoteologia, estudos feministas e de gênero, ciências da religião e teologias das religiões, sabedoria dos povos originários e afro-americanos, os saberes de coloniais são acolhidos na elaboração de uma ética mais fiel ao Reino de Deus.

Uma Doutrina Social voltada para a práxis e para a dimensão social da evangelização. A promoção da justiça e o compromisso com os pobres integram a missão da Igreja no continente. O discurso social se concretiza nas iniciativas das Igrejas locais, nas pastorais, movimentos, organizações sociais, Cáritas, economia solidária, semanas sociais, Grito dos excluídos, Campanha da Fraternidade, escolas de formação política etc. Por um lado, a realidade dramática dos pobres exige uma Igreja solidária e misericordiosa, que enfrente os efeitos imediatos da exclusão. Por outro, estruturas injustas baseadas na idolatria do dinheiro exigem um compromisso com a transformação do sistema, em vista da construção de um outro mundo possível, de uma sociedade mais justa baseada no respeito mútuo e em harmonia com a criação.

Paulinas

Rua Dona Inácia Uchoa, 62
04110-020 – São Paulo – SP (Brasil)
Tel.: (11) 2125-3500
http://www.paulinas.com.br – editora@paulinas.com.br
Telemarketing e SAC: 0800-7010081